Mindfulness
para adolescentes

Bovazzi, Fabiana
Mindfulness para adolescentes : guía para docentes, padres y profesionales / Fabiana Bovazzi. - 1a ed. - Ciudad Autónoma de Buenos Aires : Bonum, 2026.
156 p. ; 22 x 15 cm.

ISBN 978-987-667-619-9

1. Meditación. I. Título.
CDD 158.128

Dirección de colección: Alejo Merker
Corrección: Javiera Gutiérrez
Diseño de interior: Silvina Álvarez
Diseño de tapa: Natalia Siri

Av. Corrientes 6687 (C1427BPE)
Buenos Aires - Argentina
(5411) 2713-4369
ventas@editorialbonum.com.ar
www.editorialbonum.com.ar
editorial_bonum

Impreso en Argentina
Es industria argentina

Fabiana Bovazzi

Mindfulness *para adolescentes*

Guía para docentes, padres y profesionales

Bonum

Índice

Introducción

A medida que los días del ciclo lectivo transcurren, van ocurriendo variadas situaciones que me invitan nuevamente a escribir, a alzar mi voz como educadora, como observadora y como protagonista de historias que se vivencian en los pasillos de la escuela. Sucesos en dominó que me llevan a interpelar la cotidianidad una y otra vez. Son una suerte de desafíos, como si fueran rompecabezas o acertijos a modo de prueba de resolución de conflictos, charlas, entrevistas, convivencias.

Todos son parte de una biografía escolar común, en la cual tal vez vos también te sientas reflejado.

Y allí surgen las preguntas, una y otra vez: ¿qué hago? ¿Cómo lo afronto? ¿Cómo lo resuelvo?

Por fortuna, y con inmenso placer para mí, comienzan a aparecer herramientas, posibilidades de resolución para compartir con vos: como si entablásemos un diálogo en tu escuela, en la sala de profesores, a raíz de una situación que tuvo lugar minutos antes de iniciar nuestra conversación.

Leyendo a diferentes autores, encuentro comportamientos que en la actualidad se ven en los consultorios de los psicólogos con mayor frecuencia. Los adolescentes en peligro hoy son cada vez más jóvenes: en algunos casos tienen entre 11 y 12 años.

En las escuelas recibimos coletazos que derivan de sucesos ocurridos durante los fines de semana en las casas de estos adolescentes, en fiestas en donde beben alcohol, se agreden por aplicaciones, afloran los trastornos del comportamiento alimentario –anorexia y bulimia– que van en nítido aumento, el sexo y la violencia están al alcance de un clic por internet, sin dejar de mencionar los memes con las caras de los compañeros de clase que ellos mismos crean, hiriendo la autoestima y causando graves consecuencias en la salud mental de estos adolescentes a los que "toman de punto."

Hoy nuestras escuelas son ambientes multiculturales y nosotros, los educadores, necesitamos preparar a los estudiantes para vivir en esta sociedad diversa y dinámica, fomentando la formación integral, personal y emocional en los espacios educativos.

El mindfulness como técnica universal es una herramienta ideal para abordar dicha formación integral.

En este libro encontrarás cómo la presencia del educador es fundamental en el proceso de enseñanza aprendizaje, cómo podemos cultivar la atención plena o mindfulness, cuáles son sus beneficios en el contexto educativo y a nivel personal, y otras tantas herramientas que te permitirán conectarte con tus estudiantes de manera más cercana y desde la educación emocional.

Acompañar desde la *presencia*

Gansos salvajes

Mary Oliver

No tienes que ser bueno.
No tienes que caminar cien millas de rodillas
a través del desierto, arrepentido.
Solo tienes que dejar que el animal suave de tu cuerpo
ame lo que ama.

Háblame de la desesperanza, la tuya, y yo te hablaré de la mía.
Mientras tanto el mundo sigue.
Mientras tanto el sol y las claras gotas de lluvia
se están moviendo por los paisajes,
sobre las praderas y los árboles profundos,
las montañas y los ríos.
Mientras tanto los gansos salvajes, altos en el aire limpio y azul,
se dirigen a casa otra vez.
Quien quiera que seas, no importa cuán solo,
el mundo se ofrece a tu imaginación,
te llama como los gansos salvajes, rudo y emocionante,
anunciando una y otra vez tu puesto
en la familia de las cosas.

Este poema de Mary Oliver nos invita a vivir la contemplación y la aceptación, a estar presentes en el momento y a encontrar la belleza en lo simple de nuestra existencia. Simplemente "ser", sin la necesidad de hacer, de ser productivos o buscar la perfección. Este poema nos invita a habitar la quietud, a agradecer la importancia de apreciar cada instante, cada lugar, cada respiración. Esto es conectar con la abundancia de nuestra vida, a encontrar lo bello en la cotidianidad, a aceptar lo que es, a estar presentes en el momento sin expectativas, abrazando la libertad de ser, permitiéndonos *ser* tal como somos.

Los educadores en nuestro quehacer escolar estamos ciertamente interesados y compenetrados en acompañar a nuestros adolescentes. No obstante, encontramos difícil entender la vertiginosidad de cómo se presentan las situaciones que viven nuestros estudiantes a diario, y más de una vez tenemos una acción un tanto lenta como respuesta a sus necesidades, o bien, en nuestra intervención adulta en pos de resolver los desafíos que se les presentan.

"El regalo más precioso que podemos dar a los demás es nuestra presencia".

Thich Nhat Hanh

Por eso, elijo que los acompañemos desde la presencia

La palabra "presencia" proviene del latín *praesentia*, que significa "el hecho de estar presente". La raíz praesens significa "que está delante" o "que está presente".

Esta ilustración es fiel reflejo de nuestra acción latente. Estar, *essere*, desde la incondicionalidad y la confianza, como tutor a la planta. Pues existen momentos en el hacer, en la construcción de los procesos, de los caminos, en los que todos necesitamos dirección complementaria, atención, apoyo, estímulos orientadores que nos ayuden a crecer. Como docentes "tutores" nos convertimos en guías tranquilizadoras en el cuidado emocional de nuestros estudiantes. Es como si ellos nos dijeran:

"Ayudame... a hacerlo solo".

Desde allí, estar atentos a escucharlos, ya que nos conecta a nosotros, los docentes, con nuestro mundo y con otro donde hay valores y reglas diferentes, otras vivencias y sentires. Escuchando a otro y con otro, nuevas maneras de comprender, de vivir, y así poder entender y entenderme con otro.

Acompañar desde la presencia nos invita a habitar el mundo de otros.

¿Qué es el mindfulness?

Esta práctica se remonta unos 2500 años atrás, específicamente cuando Siddharta Gautama (el Buda Shakyamuni) inició una tradición religiosa y filosófica que se extendió por todo el mundo (el budismo), cuya base fundamental es, precisamente, la práctica de mindfulness; en otras palabras, la práctica de la atención plena.

Según Jon Kabat-Zinn, es "prestar atención de manera intencional al presente, sin juzgar".

Daniel Siegel, neurocientífico y autor de *El cerebro del niño*, lo explica así: el mindfulness es *mindsight* (visión de la mente), una habilidad para observar tus pensamientos y tus emociones sin ahogarte en ellos. ¿Te suena útil para un aula llena de adolescentes?

Es una habilidad que te entrena para ser consciente y para que comprendas cómo y por qué pensás y sentís del modo en que lo hacés, y, en el proceso, puedas obtener una perspectiva correcta. Imaginate, una vez que alcances esto, cualquier cambio que quieras hacer en tu vida se vuelve mucho más fácil y accesible. No creas que funciona simplemente porque los científicos lo dicen. Lo importante es que será significativo si lo experimentás, si podés apreciar los beneficios en primera persona. Vale la pena.

Si querés leer más sobre la palabra mindfulness y otras definiciones, buscá mi libro *Mindfulness. El camino hacia la plenitud consciente* (Editorial Bonum. 2013).

Nota mental

Es importante que cultivemos la atención plena con nuestros adolescentes.

Según el psicólogo William James, "la educación es el arte de enseñar a vivir". ¿Y cómo vivís bien? Aprendiendo a manejar tu atención (que, según él, es "la raíz de todo juicio"). El mindfulness entrena eso: enfocarse en una tarea sin perderse en 50 pestañas mentales.

Lisa Feldman Barrett, neurocientífica de las emociones, hace hincapié en que "el cerebro se moldea con la experiencia". Si un niño o un adolescente practica mindfulness, está fortaleciendo circuitos cerebrales para la calma y la claridad.

Desarrollar la atención y favorecer la concentración en nuestras aulas es muy importante. Es propiciar la creación de espacios donde las personas se escuchen de verdad, sin prisa ni juicios.

¿Por qué es valiosa la práctica de mindfulness en contextos educativos?

"Enseñar mindfulness es enseñar a ser humano"

En un mundo que premia el *multitasking*, este término surge de la informática y se relaciona al momento en el que la computadora ejecuta de manera independiente dos procesos diferentes. Sin embargo, desde un punto de vista neuropsicológico, es posible resumir que multitarea no es más que la realización de múltiples actividades de diferentes modalidades, ya sea de forma secuencial y en rápida sucesión o simultáneamente, obteniendo resultados positivos en la menor cantidad de tiempo posible (Tungend, 2008; García y Bechara, 2010; Buser y Peter, 2011 y Dzubak, 2008).

Podés leer más sobre *multitasking* en *Pausas conscientes para aulas más calmas* de Editorial Bonum.

Enseñar mindfulness en contextos educativos es valioso por varias razones respaldadas tanto por la investigación científica como por experiencias prácticas en las escuelas.

Ayuda a los alumnos a *reconocer y gestionar sus emociones de forma más saludable*, reduciendo reacciones impulsivas y aumentando la resiliencia emocional.

El mindfulness *entrena la mente para enfocarse en el momento presente*, lo que ayuda a los estudiantes a prestar más atención en clase y mejorar su rendimiento académico.

Las prácticas de mindfulness han demostrado *disminuir los niveles de cortisol* (la hormona del estrés), lo que beneficia el bienestar general de los estudiantes y docentes.

Al practicar la atención plena, los estudiantes desarrollan una mayor conciencia de sí mismos y de los demás, lo que puede mejorar las relaciones interpersonales y reducir conflictos escolares, fomentando la empatía y la convivencia.

Brinda herramientas para conocerse mejor, entender los pensamientos y comportamientos, y tomar decisiones más conscientes, *favoreciendo el autoconocimiento y el desarrollo personal.*

Propicia un clima escolar más positivo.

Las actitudes que propone Jon Kabat Zinn para velar por una actitud comprometida con la experiencia

La actitud que tenemos ante la vida hace toda la diferencia. Las siete actitudes que nos propone Jon Kabat-Zinn y que presentamos a continuación son fundamentales. Aunque hay muchas más –entre las que cabe destacar la generosidad, la gratitud, el dominio de uno mismo, el perdón, la amabilidad, la compasión, la alegría empática y la ecuanimidad– todas se desarrollan mediante el cultivo de las siete actitudes siguientes:

- No juzgar (ser testigos imparciales de la propia experiencia).
- La paciencia (comprender que las cosas suceden cuando tienen que suceder).
- La mente de principiante (estar dispuestos a verlo todo como si fuese la primera vez).
- La confianza (creer en uno mismo, en los propios sentimientos, en la propia intuición, sabiduría y bondad).
- No esforzarse (practicar la atención plena sin tener la intención de obtener algún resultado).
- La aceptación (tomar cada momento tal y como es).
- Ceder (no aferrarse a las personas ni a las cosas).

Podés ampliar este tema, en el libro *Mindfulness. El camino hacia la plenitud consciente*. Fabiana Bovazzi. Editorial Bonum.

Beneficios del mindfulness

- Ayuda a los estudiant a nombrar sus emociones, etiquetarl y gestionarlas.
- Facilita que los profesores no se lleven el estrés a sus casas.
- Posibilita el estar plenamente en el presente, en el aquí y ahora.
- Permite observar pensamientos y sensaciones desagradables tal cual son.
- Favorece el tener conciencia de aquello que se está evitando.
- Posibilita una mejor conexión con uno mismo, con los demás y con el mundo que nos rodea.
- Permite una mayor conciencia de los juicios.
- Posibilita el aumento de la conciencia de sí mismo.
- Favorece una menor reacción frente a experiencias desagradables.
- Facilita una menor identificación con los pensamientos (no soy lo que pienso).
- Fortalece el reconocimiento del cambio constante (pensamientos, emociones y sensaciones que vienen y van).
- Favorece un mayor equilibrio y una menor reactividad emocional.
- Promueve una mayor calma y paz.
- Acompaña a desarrollar un mejor manejo del dolor.

Mitos frecuentes sobre el mindfulness en la escuela

7 PUNTOS CLAVE PARA RECORDAR

1. NO ESTÁ BIEN NI MAL. La clave está en observar lo que sucede mientras sucede. Incluso si lo que notás es el pensamiento "esto es una tontería", eso sigue siendo importante.

2. LA INTENCIÓN NO ES ESTAR DE DETERMINADA MANERA, POR EJEMPLO EN CALMA. Esto significa que cualquier cosa que sientas está bien. La atención plena no se trata de hacerte sentir de una manera en particular, ni de dejar de ser como sos actualmente. Se trata simplemente de ver (y oír, oler, saborear, tocar, pensar y sentir) lo que sucede mientras sucede.

3. NO ES UNA TAREA. Intentá verlo como un descanso. Es un momento para relajarse en lugar de otra cosa que hacer o hacer bien.

4. ¡NO DEJARÁS DE PENSAR CUANDO MEDITES! No se trata de dejar tu mente en blanco ni de deshacerte de los pensamientos. Se trata simplemente de observar lo que sucede y elegir cuánta y qué tipo de atención prestarle. La mente de todos divaga.

5. LA ATENCIÓN PLENA NO TE PIDE QUE ESTÉS RELAJADO Y DEJES QUE EL MUNDO TE PASE POR ENCIMA. Si querés cambiar algo, aún podés hacerlo. En última instancia, no podés cambiar nada sin verlo primero. La atención plena te ayuda a hacerlo.

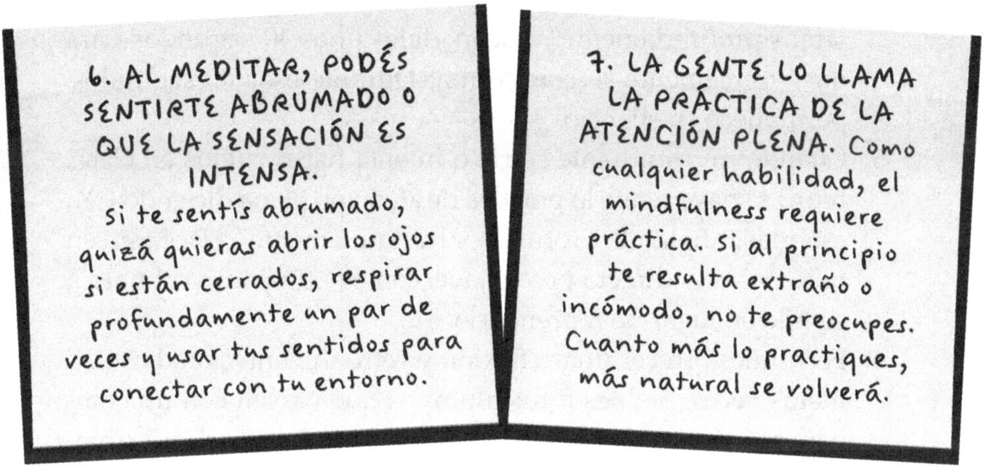

Facilitar la atención plena por primera vez

Estos pasos te resultarán útiles para introducir y facilitar una práctica de atención plena:

1. Primero, deciles a tus estudiantes que realizarán una práctica que los hará sentirse mejor.
2. Luego, hablales de los beneficios que brinda mindfulness o el cultivo de la atención plena.
3. Comentales cómo te ayudó personalmente realizar una práctica de atención plena. Podés contarles una anécdota que te haya sucedido. Ejemplo: "Iba a tener una conversación difícil con una persona. Llegué al lugar 15 minutos antes. Guardé mi teléfono móvil y comencé a realizar unas respiraciones profundas con los ojos cerrados. Comencé a centrar mi atención en cómo me sentía, en la manera tranquila que hablaría, en lo que iba a decir. Al tener la charla, todo transcurrió de manera tranquila y pude relajarme por momentos".
4. Equilibrá las instrucciones con un tiempo de silencio para que ellos puedan realizar la práctica. Ejemplo: "Juntos, inhalamos profundamente (seguido de una respiración colectiva) y exha-

lamos profundamente". Luego, dales unos 40 segundos para que simplemente se concentren. Durante esos 40 segundos, permanecé en silencio.

5. Cuando un estudiante se ríe o intenta hacer ruidos en clase, reforzá suavemente la práctica de atención plena diciendo: "Ya estamos inhalando profunda y tranquilamente". Hacé esto en un tono muy directo pero suave, como si un padre calmara a su hijo en lugar de reprenderlo.
6. Permitiles ofrecer una reflexión y retroalimentación. Las primeras veces, pedíles a tus alumnos que hablen con un compañero sobre su experiencia. ¿Fue molesto? ¿Divertido? ¿Interesante? ¿Te encontraste pensando en cosas en las que desearías no haber pensado? Si se animan, pueden compartir su reflexión con toda la clase al finalizar el trabajo de pares.

En definitiva, es importante brindarles confianza y seguridad al realizar las prácticas, ya que lo importante es asegurar que sepan cómo utilizar mindfulness y darles el espacio para practicarlo.

Cómo usar este libro: una guía práctica para acompañar a adolescentes en su camino hacia la atención plena

Buscamos cultivar aulas donde la atención sea el mejor abono para crecer emocionalmente.

¿Estás listo para probarlo?

Las prácticas que realizaremos en este libro desarrollan las habilidades básicas de la atención plena. Es un entrenamiento para ***responder en lugar de reaccionar***.

Responder es pensar antes de actuar.
Reaccionar es actuar antes de pensar.

Con la práctica de mindfulness favorecemos la capacidad de responder en lugar de reaccionar. Esto realmente tiene alcances que cambian la manera de abordar las dificultades.

Por supuesto que al comenzar a meditar los adolescentes notarán que tienen reacciones automáticas sobre la meditación en sí. Como si se estuvieran combinando pensamientos diferentes y encontrados, tales como: "¡Qué bueno! Esto es maravilloso, va a resolver todos mis problemas"; o bien "¿para qué sirve? Es una pérdida de tiempo"; o "¿por qué soy el único que no puede hacerlo?". Todos estos cuestionamientos no facilitan el momento de estar en el presente, en el aquí y ahora.

En mi trabajo con adolescentes he visto cómo algunos utilizan estas herramientas para mantenerse concentrados, enfocados durante las competencias deportivas; otros, para alejarse de situaciones conflictivas o turbulentas en lugar de verse involucrados en ellas. Un estudiante me contó sobre una ocasión en la que logró estar calmado en vez de devolver una patada ante una agresión.

Los adolescentes viven juzgados y juzgando, en un mundo lleno de situaciones que se les aparecen mediante las redes sociales, las plataformas, los mensajes, y no pueden controlarlas. En muchas oportunidades se encuentran huérfanos de padres o adultos que los orienten.

> Ayudarlos a poder elegir cómo responder puede marcar la diferencia entre el bienestar y el estrés, o incluso entre la seguridad y el peligro.

PARTE 1

Crear las bases del mindfulness en el aula

Capítulo 1

Respirar juntos: introducción al mindfulness a través de la respiración

El poder de mindfulness en el aula

Respirar juntos es un acto de conexión, presencia y humanidad compartidas. En un aula donde docentes y estudiantes practican el mindfulness, la respiración se convierte en una herramienta poderosa para cultivar la calma, el autoconocimiento y la empatía. Es un pensar, un sentir tuyo, mío, nuestro.

Detenernos a respirar de manera consciente nos permite crear un espacio de pausa, una isla de serenidad en medio del ruido. Para nosotros, como docentes, respirar junto con nuestros estudiantes no solo modela una actitud atenta y presente, también genera un ambiente emocionalmente seguro donde cada persona, cada ser se siente visto y escuchado, contenido.

La práctica de la atención plena nos ayuda a conocernos mejor: a reconocer las propias emociones, tensiones y pensamientos sin juzgar. Al mirarme con compasión, también puedo mirar al otro con mayor comprensión. Esta conciencia compartida fortalece los lazos en el aula y promueve una convivencia más empática.

Respirar juntos es, entonces, un acto sencillo pero transformador. Nos recuerda que estamos aquí, ahora, compartiendo un mismo espacio y una misma humanidad. En esa respiración compartida nace la posibilidad de una educación más consciente, humana y compasiva.

#1 Atención plena de la respiración. Práctica guiada para realizar con los alumnos

Duración: alrededor de 15 minutos.

Lugar: en el aula o en algún espacio donde puedan estar cómodos.

Guía para tus alumnos. Comenzá a leerles:

Sentate de forma que los huesos sostengan tus músculos y no tengas que hacer esfuerzo para mantenerte en esa postura durante todo el ejercicio. Para ello, mantené la espalda recta y apoyada suavemente, con la barbilla algo metida hacia el pecho.

Inspirá hondo tres veces para relajarte y soltar cualquier carga que lleves encima. Si querés, podés cerrar los ojos, o dejarlos entreabiertos, según te resulte más cómodo.

Te invito a registrar tu postura en la silla como si te estuvieras viendo desde fuera. Dejá tu cuerpo y tu mente tal como están.

Ahora prestá atención a la respiración donde la notes con más fuerza. Algunos la notan en la nariz, otros la perciben como una brisa en el labio superior. Hay quienes la perciben en el pecho, que sube y baja. Otros la notan con más claridad en el abdomen, al expandirse la barriga con la inspiración y retraerse con la espiración. Explorá con cuidado tu cuerpo y descubrí dónde te es más fácil notar la respiración.

Ahora fijate cuándo notás la respiración con más fuerza, si al exhalar o al inhalar. Si son más o menos iguales, elegí uno de las dos.

Prestá atención a la sensación de cada exhalación. Sentí el aire al salir por los agujeros de la nariz cada vez que exhalás. Al inhalar, simplemente descansá la atención. Luego volvé a sentir la siguiente exhalación. Dejá que tu cuerpo respire; lo hace automáticamente.

Prestá atención solo a la sensación del aire en la nariz cada vez que exhalás, una y otra vez. Tu mente se distraerá de la respiración muchas veces por minuto. No te preocupes por cuántas veces se distrae. Volvé suavemente a la sensación en la nariz al exhalar cada vez que notes que la atención se ha ido. Podés utilizar un reloj para medir el paso del tiempo. Dale una mirada al reloj y, cuando falten un par de minutos, dejá de focalizar la nariz y prestá atención a cómo se mueve toda la parte superior del cuerpo con cada respiración. Simplemente registrá tu cuerpo, vivo y en movimiento, con cada respiración. Después de quince minutos, abrí suavemente los ojos, mirando hacia abajo. Dándote gracias por este momento.

Prácticas simples y beneficiosas

#2 Descansar la vista

En la cotidianidad, no nos damos cuenta de lo mucho que les exigimos a nuestros ojos. Durante horas y más horas forzamos la vista para escribir, leer, mirar el teléfono móvil, la computadora y tantas otras acciones. Es necesario que aprendamos a relajar nuestro sentido de la vista y, sobre todo, recordar hacerlo durante nuestras intensas jornadas de estudio y trabajo.

Un ejercicio sencillo y rápido es abrir y cerrar los ojos de manera lenta pero firme, siguiendo el ritmo de nuestra respiración.

Inhalá-cerrá los ojos. Exhalá-abrí los ojos...

Al mismo tiempo, vamos contando los segundos que transcurren hasta llegar a un minuto, sin pensar en nada más.

Parece un ejercicio de concentración y relajación sencillo, y realmente lo es, pero es inimaginable lo beneficioso que es para tu cuerpo... y para tu mente.

Podemos hacerlo varias veces al día registrando el cansancio de la vista.

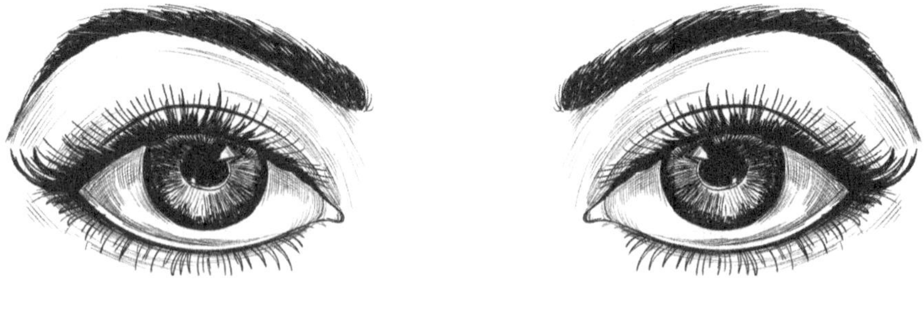

#3 Respiración controlada

Ser conscientes de nuestra respiración es el primer paso para todos los ejercicios de mindfulness que queramos poner en práctica en el colegio, en el trabajo, en casa, cuando esperamos en un consultorio médico, en la calle...

Ahora bien, ¿cómo hacerlo de forma consciente y controlada?

Nos sentamos, miramos el reloj del móvil o de la computadora y comenzamos a respirar al mismo ritmo que corren los segundos durante dos o tres minutos. Al sincronizar la respiración con el segundero conseguiremos centrar toda nuestra atención en algo externo a nuestros problemas, y así podremos relajar cuerpo y mente.

#4 Estirar el cuerpo

La postura que adoptamos a la hora de estudiar refleja nuestro estado anímico.

Según pasan las horas, nuestra espalda se encorva y provoca que la musculatura afecte el buen funcionamiento de nuestros pulmones y corazón.

Por eso, recordar que tenemos que estirar la espalda y realizar estiramientos con el cuerpo cada hora u hora y media es vital para sentirnos bien.

Podemos poner en práctica el siguiente ejercicio:

- Sentate en una silla cómoda, colocá la espalda recta y levantá tus brazos hacia el techo imaginando que sostenés una toalla o un trapo enrollado.
- Mirá hacia el frente y subí y bajá los dos brazos al mismo tiempo mientras contás lentamente hasta 15.
- Dejá tu toalla o trapo imaginario sobre la mesa, relajá los hombros y girá tu cuello hacia izquierda y derecha lentamente, contando despacio hasta 15.
- Ahora levantate de la silla, doblá ligeramente las rodillas y la cintura y balanceá lentamente los brazos dibujando pequeños círculos a un lado y al otro.
- Incorporate, ponete en puntas de pie e intentá alcanzar el techo con las puntas de los dedos.
- Y ahora, a seguir con lo que estabas haciendo.

#5 Estrategias para integrar la respiración en la rutina escolar

A. Respiración consciente

Iniciar la jornada o realizar transiciones entre actividades y ejercicios de respiración profunda ayuda a centrar la atención y reducir el estrés. Por ejemplo, pedir a los estudiantes que se sienten cómodamente, cierren los ojos y se enfoquen en su respiración durante uno o dos minutos puede ser muy efectivo.

B. Pausas de atención plena

Incorporar breves momentos de silencio o reflexión durante la clase permite a los estudiantes reconectarse con el presente. Estas pausas pueden ser tan simples como observar la propia respiración o escuchar atentamente los sonidos del entorno.

C. Rituales de inicio o cierre

Establecer rituales al comienzo o al final de la clase, como compartir una frase inspiradora o realizar una breve meditación guiada, crea un sentido de comunidad y preparación mental para el aprendizaje.

D. Espacios de relajación en el aula

Designar un rincón tranquilo con almohadones, elementos para pintar y decorar, mandalas para colorear o elementos naturales, ofrece a los estudiantes un lugar para calmarse y practicar la atención plena cuando lo necesiten.

E. Ejercicios de visualización y relajación

Guiar a los estudiantes en visualizaciones, como imaginar un lugar seguro y tranquilo o practicar una relajación muscular progresiva, puede ayudar a reducir la ansiedad y mejorar la concentración.

#6 Empezando una nueva clase

Las cosas nuevas pueden dar miedo. La clave está en no luchar contra el miedo o la preocupación. En cambio, permitite verlos, incluso saludarlos y dejarlos estar ahí. Puede que no te gusten, pero así no te agobiarán, porque sos consciente de su existencia y no necesitás resistirte.

La preocupación es el intento del cerebro de resolver un problema irresoluble. Agrava los problemas en lugar de solucionarlos. Preocuparse activa los centros de recompensa del cerebro porque le da algo que hacer. En lugar de quedarte atrapado en ese bucle de retroalimentación, observalo y volvé a lo que está sucediendo ahora mismo: prestales atención a tu cuerpo, tus sentidos y tu respiración en este momento.

1. Comenzá con realizar respiraciones profundas o con una práctica sensorial como "Estar aquí ahora" o "Sumergirte en lo bueno". Observá tu cuerpo, tus sentidos y tu mente en este momento.
2. Registrá cualquier historia o juicio que te pase por la cabeza sobre vos mismo, los demás o la clase.
3. Comprobá si podés respirar con esos pensamientos. Dejalos ir y venir como nubes en el cielo. No los controles y no tenés que creerlos. Regresá a la sensación de tu cuerpo en lugar de dejarte llevar por la historia de esos pensamientos.
4. Si te sentís nervioso o asustado, no hay problema. Simplemente observá cómo se siente el nerviosismo. Incluso podés decirte: "No estoy nervioso. Solo tengo nervios ahora mismo".
5. Dirigí tu atención a la sensación del momento en lugar de evaluarlo.
6. Intentá ser autocompasivo mientras respirás profundamente unas cuantas veces más.

#7 Sugerencias para acompañar reflexiones individuales y grupales

Indagación luego de las prácticas

- *¿Te gustó? ¿Te pareció útil?*
- *¿Se lo recomendarías a un amigo?*
- *¿Te gustaría que se hiciese más seguido en el colegio?*
- *¿Utilizaste lo que aprendiste fuera de clase?*

- *¿Te gustaría que hubiese sido más largo?*
- *¿Te ayudó a sentirte más cerca de tus compañeros de clase?*
- *¿Te ayudó a sentirte mejor en el colegio? ¿Te ayudó a ser más feliz en tu día a día?*

Capítulo 2

Activar los sentidos: atención plena al entorno

El valor educativo de conectar con el presente a través de los sentidos

Tomate dos minutos para realizar este breve ejercicio.

Permanecé sentado exactamente donde estás ahora. Concentrate con suavidad en uno de los cinco sentidos, preferiblemente el oído o la vista. Podés estar con los ojos cerrados o abiertos. Sea cual sea el sentido que elijas, tratá de concentrarte en él durante el mayor tiempo posible, pero de un modo suave y sencillo. Si te distraen los pensamientos o los otros sentidos, simplemente llevá de nuevo tu atención al objeto en el que te estás concentrando y continuá como antes.

¿Cómo te fue? ¿Pudiste concentrarte con facilidad o la mente comenzó a vagar por otros pensamientos? ¿Cuánto tiempo pasó antes de que empezaras a distraerte?

Quizás hayas descubierto que sos capaz de mantener una vaga sensación de conciencia mientras pensabas en otras cosas al mismo tiempo. Por improbable que parezca, para mucha gente concentrarse en un objeto durante un minuto es un gran logro. Cuando pensás cuánto tiempo necesitás estar concentrado en tu estudio, tu trabajo, en cuidar de tu familia o de tu mascota, en escuchar a un amigo o incluso en conducir un coche, ser capaz de concentrarse únicamente durante ese cortísimo período de tiempo puede ser algo bastante preocupante.

¡Curar el alma por medio de los sentidos
y los sentidos por medio del alma!

Oscar Wilde

Conectar con el presente a través de los sentidos no solo enriquece la experiencia individual de docentes o estudiantes, sino que además tiene un impacto transformador en el ámbito educativo. Esta conexión nos permite desarrollar una mayor concentración así como mayor conciencia del entorno en las aulas, facilitando una relación más profunda entre el aprendizaje y la vivencia de cada instante.

El valor educativo de esta práctica radica en la capacidad para enseñar a las personas a ser observadoras y reflexivas, utilizando los sentidos como herramientas para interpretar y valorar lo inmediato. Por ejemplo, una caminata consciente no solo invita a los estudiantes a explorar su entorno, sino que también los impulsa a identificar cómo cada elemento –el sonido de las hojas, el aroma del suelo húmedo, la textura de una piedra– interactúa con su percepción y sus emociones.

Además, el uso de los sentidos fomenta la regulación emocional. Al prestar atención a las señales sensoriales, como el ritmo de la respiración o el contacto de los pies con el suelo, los estudiantes pueden aprender a manejar sus respuestas ante situaciones de estrés o frustración, promoviendo un aprendizaje más integral y saludable.

Estas prácticas favorecen una mejora de habilidades individuales y nutren el aprendizaje colectivo. Compartir observaciones y reflexiones grupales acerca de lo que se percibe desde los sentidos puede generar intercambios enriquecedores, que no solo fortalecen la comunicación, sino que también amplían los horizontes de comprensión al integrar diversas perspectivas.

> Cultivar esta habilidad en el aula es, en esencia, enseñar a descubrir el mundo con una mirada nueva, transformando cada experiencia cotidiana en una oportunidad educativa para fortalecer la conexión entre el cuerpo, la mente y el entorno.

Jon Kabat Zinn, especialista en atención plena, conecta a los participantes de sus programas o a sus pacientes con el mundo de los sentidos desde el inicio de sus encuentros.

Desde que nacemos, conocemos nuestro entorno utilizando la vista, el olfato, el oído, el gusto y el tacto. Estos canales nos transmiten información que nos ayuda a comprenderlo y a enriquecer nuestro entendimiento. La práctica del mindfulness nos invita a descubrir que además de usar los sentidos para conocer lo que nos rodea, podemos utilizarlos para explorar nuestro interior.

¿Acaso alguna vez tuviste la impresión de que hasta ahora solo miraste hacia afuera, que conocés nombres de lugares lejanos que nunca visitarás, pero no sabés qué es lo que realmente te llena de alegría?

"El auténtico viaje de descubrimiento no consiste tanto en buscar nuevos paisajes como en contemplar los antiguos con una mirada renovada."

Jon Kabat Zinn

A través del mindfulness intentamos que los adolescentes se conecten con el presente, identificando sus emociones y sus sensaciones en ese instante único. Los sentidos son un ancla perfecta para mantenerse en el aquí y ahora. La información que nos transmiten es mucho más rica de lo que solemos percibir. Y sabemos que ese instante, lleno de percepciones únicas, se esfuma rápidamente y no hay forma de recuperarlo.

Desarrollar la conciencia de nuestros sentidos es una herramienta poderosa, ya que no solo nos ofrece tener pequeñas sensaciones que afinan nuestra percepción, sino que también nos enseña a captar señales más sutiles, algo de mucha utilidad, especialmente para gestionar emociones.

¿Quién no ha sentido que una ola de ira lo supera, lo desborda y solo se da cuenta cuando ya está completamente inmerso en ella? Al estar atentos a los sentidos, también percibimos las señales físicas del enojo: tensión, palpitaciones intensas, aumento del calor corporal, presión en la mandíbula, contracción de los músculos del rostro, agitación... una serie de avisos, conocidos también como "marcadores somáticos", que, si los reconocemos a tiempo, pueden ayudarnos a responder de otra manera.

Ejercicios para reconectar con los sentidos

Oído

Estar presentes en lo que escuchamos, sin juicio, solo percibiendo los sonidos que van y vienen, respirando y observando tal como se presentan: son lo que son.

#8 Actividades auditivas

- Escuchar sonidos internos: prestar atención al latido del corazón, la respiración o el movimiento del estómago, por parejas.
- Sentir las orejas: tocarlas, estirarlas, acariciarlas y comentar lo que sentimos.

- Identificar sonidos: presentar distintos sonidos y para que los adivinen con los ojos cerrados.
- "Shhhhh. Shhhhh": seguir un recorrido guiado por el sonido emitido por un compañero.
- "¿Quién se mueve?": con los ojos cerrados, identificar quién se ha cambiado de lugar en un círculo.
- Asociar sonidos a alimentos: hacer duplas con recipientes que contienen distintos alimentos y reconocerlos por su sonido.

Tacto

La piel, el órgano sensorial más extenso, tiene gran conexión con las emociones. Experimentar a través del tacto nos ancla al presente y nos conecta con nuestro cuerpo.

#9 Actividades con el tacto

- Crear con los ojos cerrados: modelar materiales como arcilla o plastilina usando solo el sentido del tacto.
- Explorar la piel y el cuerpo: sentir distintas partes como ojos, cejas, dientes, lengua, músculos y huesos.
- Cajas de texturas: explorar diferentes materiales con los ojos cerrados o vendados.
- Adivinar objetos: con los ojos cerrados, identificar objetos guardados en una bolsa solo con el tacto.

Vista

Decimos tener una "visión del mundo" pero, en realidad, no vemos lo que está ante nosotros sino lo que deseamos ver.

Hagamos una prueba: después de una reunión con varias personas, compartí con alguien los detalles que recordás. Notarás que cada uno percibió cosas distintas. Si te interesa la moda, probablemente recuerdes cómo iban vestidas las personas. Otros notarán detalles de la decoración, mientras algunos se enfocarán en el estado de ánimo y expresiones de los demás.

Es evidente que cada persona percibe según sus intereses y experiencias previas. Tal vez deberíamos mirar con otros ojos, sabiendo incluso que los animales perciben nuestra actitud mental y emocional.

#10 Actividades con la vista

- Sentir los ojos manteniéndolos cerrados: moverlos, tocarlos, abrirlos y explorar todos sus movimientos. Frotar las manos, apoyarlas sobre los ojos y percibir el calor que estas emiten (ideal para aliviar dolores de cabeza o calmar la mente).
- Montaña de zapatos: amontonar los zapatos del grupo y luego adivinar a quién pertenece cada uno.
- "¿Qué falta?": mostrar diez objetos durante diez segundos, cerrar los ojos y retirar uno. Después, adivinar cuál falta.
- "¿Quién manda aquí?": un estudiante cierra los ojos, los demás forman un círculo y eligen un líder que inventa movimientos. El observador debe adivinar quién dirige.

- Juegos con vendas: recorrer espacios con los ojos vendados, haciendo movimientos como reptar, agacharse o tumbarse.
- La vela: observar la llama detenidamente durante un minuto, luego soplarla y apagarla.

Olfato

Los olores suelen pasar inadvertidos, pero cuando prestamos atención, nos conectamos de forma profunda con ellos.

#11 Actividades con el olfato

- Sentir la respiración en la nariz: inhalar, exhalar, sostener el aire, mover las aletas nasales.
- Mi olor preferido: elegir el aroma que más nos guste de una colección.
- Saquitos de aromas: crear bolsitas con olores como lavanda, canela, menta o pétalos para usarlas como herramienta de relajación.
- Asociar olores y alimentos: identificar alimentos por su olor y asociarlos a un plato que los contenga.

Gusto

Comer es una necesidad esencial, pero muchas veces lo hacemos sin conciencia, dejándonos llevar por costumbres o pautas publicitarias. Incorporar mindfulness al comer nos ayuda a mejorar nuestra relación con los alimentos.

#12 Actividades con el gusto

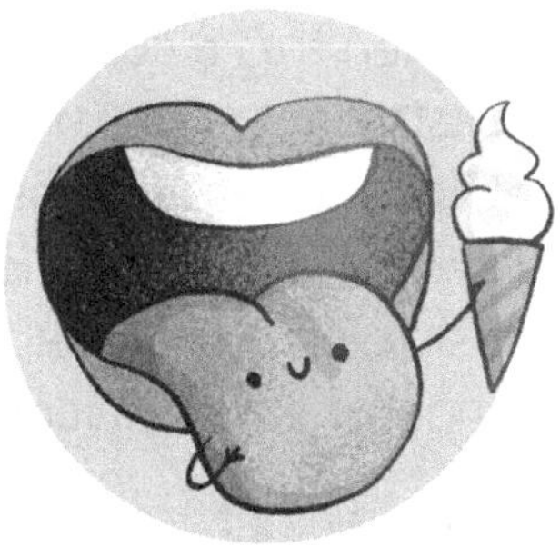

- Explorar la boca: sentir la lengua, dientes, paladar, usando espejos para comparar.
- La pasa: un clásico ejercicio de mindfulness donde se observa, toca, saborea y mastica una uva pasa de forma lenta y consciente (también puede hacerse con chocolate).
- Adivinar el sabor: con los ojos cerrados y sin oler, identificar sabores de frutas.

El alimento misterioso

Podemos adivinar qué estamos comiendo utilizando solo los sentidos del olfato, el gusto o el tacto. Esta es una actividad muy entretenida y fácil de realizar.

Se eligen tres o cuatro alimentos y, trabajando en equipo, los estudiantes tienen que adivinar cuáles son. Uno de ellos solo puede usar el sentido del tacto; el otro, el olfato, el otro, el gusto... *Vale cualquier sentido excepto el de la vista*. El reto consiste en que el grupo sea capaz de comunicarse y de compartir sus sensaciones para identificar el alimento misterioso.

Se pueden hacer todas las variantes y combinaciones que se te ocurran: utilizar especias como sal, clavo de olor, anís o canela, dejar que los participantes mezclen alimentos dulces con salados... Es una excelente actividad de mindfulness no solo para crear situaciones avivando la imaginación, sino también para disfrutar el aquí y ahora poniendo todo el foco de atención en ese tiempo de calidad y presencia que se está generando y compartiendo.

En resumen, la respiración profunda y la atención consciente puesta en cualquiera de los sentidos son un excelente comienzo para integrar mindfulness en la vida. cotidiana.

#13 Actividades propioceptivas

Estos ejercicios aumentan la conciencia de la posición y el movimiento de las partes del cuerpo.

Sabías que...

La propiocepción y la interocepción son otros dos sentidos que tenemos y que nos permiten comprender mejor nuestro cuerpo y su relación con el entorno. La propiocepción nos proporciona información sobre la posición y el movimiento de nuestros músculos y articulaciones, mientras que la interocepción nos permite percibir las señales internas del cuerpo como el dolor, el hambre o la fatiga.

- **Propiocepción**
  Es el sentido que nos permite saber dónde están las diferentes partes de nuestro cuerpo sin necesidad de mirarlas, como cuando caminamos en la oscuridad o sabemos que nuestros dedos están en movimiento.
  Nos ayuda a coordinar nuestros movimientos y a mantener el equilibrio.
  Está relacionada con receptores en los músculos, tendones y articulaciones que envían información al cerebro.
- **Interocepción**
  Es la percepción de las sensaciones internas del cuerpo, como el dolor, la fatiga, el hambre, la sed o las emociones.
  Nos ayuda a entender cómo se siente nuestro cuerpo por dentro y a responder a las necesidades del organismo.

Está relacionada con la actividad de los órganos internos, la piel y los músculos.

En resumen, la propiocepción nos ayuda a movernos con precisión y equilibrio, mientras que la interocepción nos permite oír las señales internas del cuerpo y mantener nuestra salud y bienestar. Ambos sentidos son esenciales para la percepción corporal y la regulación emocional.

- **Movimientos con los ojos cerrados**
  Comenzar con un movimiento simple, como mover un brazo en diferentes planos: cerrá los ojos y sentí cómo tus extremidades se desplazan en el espacio, prestando atención a la conciencia de la posición de tu brazo.

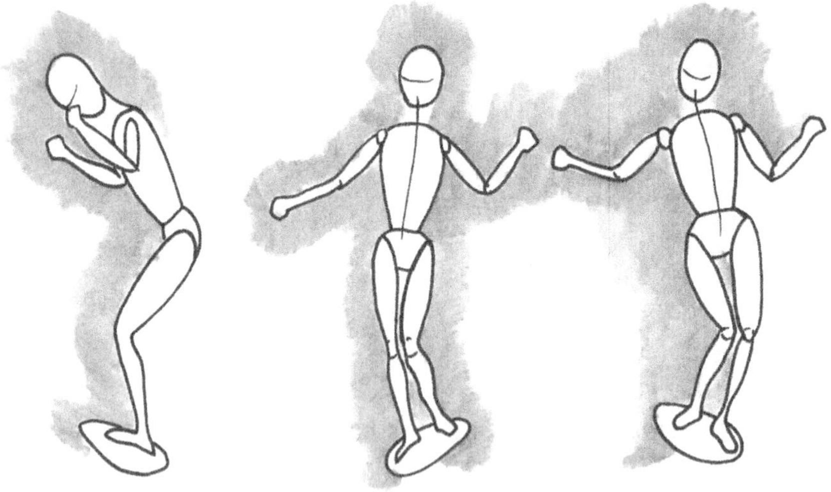

- **Conciencia de la postura**
  Hacer una pausa durante el día: evaluá la postura de tu cuerpo. Observá si estás apretando las mandíbulas o si tu espalda está recta. Este sencillo autochequeo te conecta con tu cuerpo y su posición.

- **Movimiento consciente**
  Mientras realizás alguna actividad física, como caminar o estirarte, prestá atención a la sensación de tus pies al tocar el suelo o a la tensión en tus músculos.

#14 Actividades interoceptivas

Los ejercicios interoceptivos se relacionan con las sensaciones internas del cuerpo como la sed, el hambre, el cansancio o la tensión muscular. Se pueden combinar con mindfulness mediante la observación consciente de estas sensaciones corporales o la realización de escaneos corporales para registrar la respuesta interna.

- **Escaneo corporal**
  Dedicá un tiempo a "escanear" tu cuerpo, prestando atención a cómo te sentís internamente. Observá si tenés hambre, sed, o si hay alguna tensión o molestia en alguna parte.

- **Respiración y sensaciones internas**
  Concentrate en la respiración y observá cómo el aire entra y sale de tu cuerpo. Notá cómo se expande y se contrae tu abdomen o tu pecho.

- **Conexión con las emociones**
  Prestá atención a cómo las sensaciones internas están ligadas a tus emociones. Por ejemplo, notá si la sensación de cansancio viene acompañada de alguna emoción específica.

- **Registro de pulsaciones**
  Buscá tu pulso con la mano y contá los latidos durante un minuto. Esto te ayuda a conectar con los procesos internos de tu cuerpo.

#15 Andar de manera compasiva

Caminá a paso normal. Después de unos minutos, repetí para vos, estas frases compasivas:

Que yo sea feliz.
Que yo tenga salud.
Que me vaya bien en la vida.

Las frases mantendrán tu atención centrada en el cuerpo y comenzarán a evocar una actitud de bondad amorosa. Intentá sincronizar las frases con cada paso, con cada respiración.

Si querés, podés resumir las frases en una sola expresión: "*nada malo*", "*feliz*", "*sano*", "*buena vida*". Cuando la mente se distraiga, vuelve suavemente a las frases. Seguí caminando y antes de terminar, decí:

Que yo y todos los seres seamos felices.
Que yo y todos los seres tengamos salud.
Que a mí y a todos los seres nos vaya bien en la vida.

Permitite recibir cualquier expresión de cariño que te salga. Al final de la caminata, quedate quieto por un momento y repetí:

"Que todos los seres sean felices y estén libres de sufrimiento".

Podés continuar con tus actividades.

Promover la concentración en clase a través de ejercicios breves

La enseñanza consciente es un camino, no un destino. En tus clases, realizarás pequeñas actividades que se irán convirtiendo en parte del proceso de cambio hacia un aula consciente. Al repetir estas rutinas verás que gradualmente se convertirán en hábitos. A medida que te vuelvas más consciente, crearás un ambiente de clase que fomente la concentración, reduzca el estrés y facilite el amor por el aprendizaje en tus estudiantes.

Favorecer la concentración

- Realizar respiración consciente y focalizarse en ella.
- Mantener una rutina organizada.
- Realizar ejercicios como sopas de letras, crucigramas y rompecabezas.

- Utilizar técnicas de memoria visual, como recordar. secuencias de objetos
- Disfrutar de actividades artísticas y ejercicios físicos.
- Juegos secuenciales: leer una historia corta y luego pedir que recuerden y repitan la secuencia de eventos y secuencias de objetos.
- Juegos de buscar y encontrar: buscar objetos específicos en imágenes para mejorar la atención visual. Secuencias de objetos.
- Practicar meditación.

Capítulo 3

Escuchar al cuerpo: una puerta al autoconocimiento

Comprender las señales corporales como recurso educativo y emocional

Cuando decimos "escuchar al cuerpo", nos referimos a desarrollar conciencia y sintonizar con las señales físicas y emocionales que este nos brinda, permitiéndonos un autoconocimiento profundo fundamental para el bienestar emocional, la salud y las relaciones interpersonales. Por medio de la atención a las sensaciones corporales, podemos identificar y gestionar nuestras emociones, resolver tensiones y bloqueos, y conectar con nosotros.

El clima escolar está relacionado con la posibilidad de generar relaciones interpersonales positivas; es el ambiente propicio para desarrollar las actividades cotidianas de aprendizaje y del contexto en que estas se realizan.

¿Cómo escuchamos al cuerpo?

1 Preguntándonos cómo nos sentimos

Tomándonos un tiempo para reflexionar sobre nuestro estado físico y emocional.

Hacete estas preguntas:

A nivel físico

- *Sueño*: ¿Dormís 7-8 horas diarias? ¿Te despertás por preocupaciones?
- *Actividad*: ¿Te movés todos los días? ¿Tenés una rutina de ejercicio físico?
- *Alimentación*: ¿Te hidratás lo suficiente y llevás una alimentación variada y equilibrada?
- *Salud*: ¿Vas al médico para realizar controles? ¿Descansás cuando estás mal?

A nivel emocional

- *Estado general*: ¿Te sentís satisfecho con tu vida?
- *Emociones*: ¿Has sentido tristeza o desgano? ¿Te sentís más tenso o nervioso de lo habitual?
- *Control*: ¿Te sentís en control de tus emociones?

- *Concentración*: ¿Tenés dificultades para concentrarte en lo que estás haciendo o para tomar decisiones?
- *Motivación y significado*: ¿Te sentiste menos productivo en el colegio o en casa?

Interconexión cuerpo-mente

- *Estrés*: ¿Te sentís estresado? ¿Tu cuerpo te está diciendo que tenés estrés? ¿Lo sentís en alguna parte del cuerpo?
- *Autoconciencia*: ¿Te escuchás realmente cuando sentís algún malestar? ¿Sos consciente, te das espacio para procesar lo que tu cuerpo o tu mente te dicen?

Convivencia y relaciones

- *Conexión con otros*: ¿Cómo es tu convivencia con otras personas? ¿Creás un clima favorable? ¿Sos amable?
- *Empatía*: ¿Te ponés en los zapatos de otros? ¿Accionás para ayudar a los demás?

2 Identificando las sensaciones corporales

Prestá atención a las sensaciones físicas como tensión, calor, frío, picor o la forma en que apoyás el peso de tu cuerpo.

3 Conectando las sensaciones con las emociones

Buscá las asociaciones entre lo que sentís en tu cuerpo y las emociones subyacentes.

4 Prestando atención a las señales sutiles

No te enfoques solo en lo que se presenta como obvio; las señales más sutiles también son importantes para detectar desequilibrios.

5 Creando un espacio de pausa

Detenete en medio de la rutina para escuchar el "ruido" del exterior y sintonizar con tu interior.

¿Qué beneficios surgen al escuchar el cuerpo?

Escuchar al cuerpo favorece

- *El autoconocimiento y la conciencia emocional*
  Nos permite reconocer nuestras emociones al identificarlas en el cuerpo, facilitando la gestión de malestares y la toma de conciencia de nuestro estado interno.

~ *La salud y el bienestar*
La conexión con las señales del cuerpo es esencial para el mantenimiento de la salud, ya que ayuda a detectar desequilibrios antes de que se agraven.

~ *Relaciones más sólidas*
Al comprender nuestras propias emociones, podemos comunicarlas mejor y construir relaciones interpersonales más significativas y profundas.

~ *La liberación de tensiones y bloqueos*
Escuchar al cuerpo y abordar las tensiones acumuladas puede liberar emociones reprimidas y permitir la autorregulación y la homeostasis.
La homeostasis es el proceso de autorregulación de un organismo para mantener un ambiente interno estable y constante, a pesar de los cambios en el entorno externo.

~ *El fomento de la creatividad y espontaneidad*
En niños y adolescentes, la expresión corporal y la atención a las sensaciones corporales fomentan la imaginación, la creatividad y la capacidad de expresar sus conocimientos y emociones.

Escaneo corporal: guía para realizarlo con grupos de adolescentes

La práctica de escaneo corporal nos induce a prestar atención a las partes del cuerpo y a las sensaciones corporales en una secuencia gradual, desde los pies hasta la cabeza o viceversa. Puede ayudar a que seamos más conscientes respecto de nuestras sensaciones físicas, emociones y sentimientos.

El escaneo corporal es una excelente manera de liberar la tensión física que quizás ni siquiera nos hayamos dado cuenta de que estamos experimentando. Es muy común que ciertos dolores o contracciones –dolores de cabeza, de espalda, hombros, y tensión muscular– estén relacionados con nuestro estado emocional.

Al realizar el escaneo corporal prestamos atención a cada parte de nuestro cuerpo, notando cualquier dolor, molestia o malestar general. La intención de la práctica es conocer ese dolor, tensión o malestar y aprender de él para poder gestionarlo mejor. No se busca aliviarlo de manera total.

Para tener en cuenta

El escaneo corporal puede ayudarnos a ser más conscientes de nuestro cuerpo, incluyendo las sensaciones y sentimientos físicos que pueden surgir del estrés.

Al desarrollar esta conciencia corporal, podremos reaccionar mejor cuando empecemos a experimentar molestias físicas relacionadas con nuestros estados emocionales.

Escaneo corporal: la práctica

(Es importante que si realizás la *guía* para tus estudiantes, la leas con lentitud y significado.)

Recostate sobre una colchoneta, una manta o una alfombra en el piso. Es mejor que lo hagas aquí que sobre una cama, donde la tendencia es a quedarnos dormidos.

Cerrá los ojos o mantenlos fijos hacia arriba. Comenzá a sentir el apoyo del cuerpo en el piso: el contacto de la cabeza, los omóplatos, la espalda media y la zona lumbar.

Sentí los brazos al costado de tu cuerpo: primero uno, desde el hombro y la axila, hasta la mano y cada uno de los dedos, y luego el otro, desde el hombro y la axila hasta la otra mano, y cada uno de los dedos. Intentá sentir, no pensar; mantené la atención constante en tu cuerpo.

Ahora sentí el apoyo de los glúteos e isquiones: temperatura, textura, cosquilleos, vibraciones, cualquier pequeña sensación que aparezca en estas zonas.

No intentes controlar nada, incluso los pensamientos y las emociones que aparezcan. Simplemente date cuenta de que se presentan con cierta intensidad [a veces la pregnancia de un pensamiento puede ser muy fuerte], pero luego se disuelven.

Van y vienen, van y vienen.

Luego continuá llevando atención desde la parte superior de la pierna hasta la parte posterior de la rodilla, y desde allí hasta el talón. Inhalá, exhalá con plena atención, sintiendo que llevás la respiración a esta zona. Luego continuá con la otra pierna hasta llegar al talón.

Dale mucha importancia al acto de volver al momento presente cuando tu mente se va hacia el futuro o al pasado, se aferra a lo que le gusta o a lo que quiere rechazar y se preocupa, se inquieta, se anticipa, en fin, se pierde en constantes ensoñaciones.

Sólo volvé al presente, ayudate con la respiración para volver cada vez que te distraés.

Una vez completado el escaneo de las zonas que apoyan con el piso, voy a pedirte que sientas la parte del cuerpo que está hacia arriba: los pies, las tibias, las rodillas, las piernas, la zona de genitales, la pelvis hasta la cintura.

Luego llevá plena atención a la zona del vientre, el abdomen, el pecho y, por último, continúa hacia los brazos, la garganta y el rostro, cada parte del rostro, de manera sutil y detallista.

Intentá no saltear zonas, no perderte en pensamientos, sino volver y conectar con la respiración de un momento a otro.

Sentí que estás aquí, ahora, en este momento y solo en este, y que podés transitar todo lo que aparece con plena aceptación, sin juzgar, sin querer eliminar, sin negar, con plena aceptación. Momento a momento.

Para finalizar, tomá un momento para estirarte, aflojarte y, finalmente, salir de manera suave de la posición. Reconocé el tiempo y el esfuerzo dedicado a la práctica del escaneo, de la atención plena. Sentí que podés revalorizar tu cuerpo, habitarlo.

Lentamente podés ir abriendo los ojos y agradecerte por este momento.

Cómo trabajar la conciencia corporal y el autocuidado en contextos escolares

Una institución educativa emocionalmente saludable no se obtiene por casualidad; es el resultado de una dirección consciente y comprometida con el bienestar de las personas que circulan y trabajan en ella.

Un directivo con una visión clara puede transformar el colegio en un espacio donde no solo se enseñan contenidos, sino que también se construyen relaciones, se fomenta la confianza, se desarrolla la inteligencia emocional y reina la calma. Esto es esencial en un mundo donde las habilidades socioemocionales son tan importantes como las académicas.

¿Es posible crear el entorno físico y el clima emocional adecuado en las aulas? ¿En diferentes momentos? ¿Con diferentes propósitos?

¡Sí!

Para ello, es necesario crear y trabajar de manera armónica para instalar ambientes de bienestar, tanto a nivel institucional como áulico.

Podemos proporcionar el clima adecuado para que las emociones de los estudiantes fluyan, puedan ser identificadas, gestionadas y formen parte del propio proceso educativo.

Esta es una tarea que implica dedicación y generación de hábitos.

Es fundamental que los educadores favorezcamos la existencia de entornos seguros y saludables para que los niños y los adolescentes puedan expresar aquello que les sucede y que la mayoría de las veces les impide estar presentes, concentrados y atentos a lo que les llega del ambiente de aprendizaje.

Trabajar la conciencia corporal y el autocuidado en contextos escolares es crucial para el lograr el desarrollo integral de tus estudiantes.

Aquí te presento algunas estrategias y actividades que podés implementar:

1. **Danza y movimiento libre**
   Podemos fomentar la expresión a través del movimiento, permitiendo a los estudiantes explorar diferentes formas de moverse y sentir su cuerpo.

Buscamos una melodía apropiada, suave, tranquila. Podés preguntarles a tus estudiantes cuál les gustaría escuchar, en lo posible sin letra.
Al ritmo de la música, comenzamos con un movimiento libre de brazos y piernas: sacudimos suavemente las extremidades. Movemos los brazos de lado a lado sin cargar peso, flexionando las rodillas para aflojar el cuerpo. Luego, realizamos algunas rotaciones tales como girar el cuello, luego, suavemente los hombros, después los tobillos y las muñecas para preparar las articulaciones.

2. **Exploración del espacio y desplazamientos**
   Caminar y correr: podemos desplazarnos por el espacio en puntas de pie, utilizando los talones o incluso las manos, tomando conciencia del entorno y la coordinación. Dando pasos largos, cortos, medianos.
   Investigar movimientos: en niveles alto, medio y bajo, por ejemplo, agachándose como una tortuga, como una vaquita de San Antonio; estirándose como una jirafa, como un elefante.

3. **Ser conscientes desde lo corporal y lo gestual**
   Delinear el contorno: Con las manos, dibujar la silueta del propio cuerpo y de una persona imaginaria, explorando el alcance de los brazos.
   Bailar anunciando las partes del cuerpo: Anunciar una parte del cuerpo ("¡La cabeza!", "¡Los pies!", "¡Las manos!", "¡La pierna derecha!") e improvisar movimientos solo con esa parte del cuerpo, desarrollando el esquema corporal.

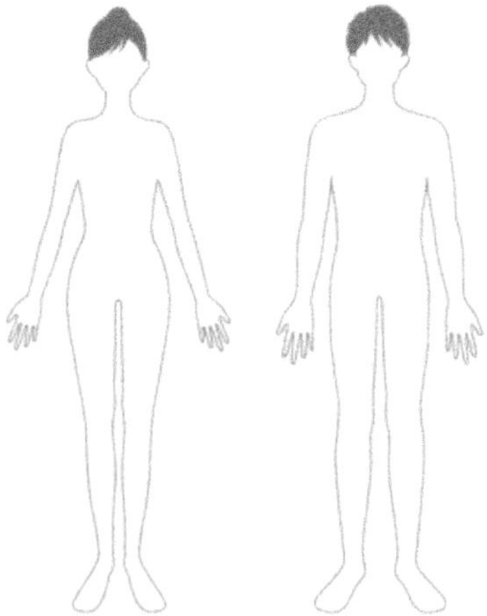

Investigar palabras: escoger una palabra, como por ejemplo "agua", e interpretarla corporalmente, experimentando con la sensación de flotar, hundirse o mojarse con la lluvia. También puede ser "sol", y experimentar con la sensación de calor y protección que dan sus rayos.

Peso y gravedad

Transferencia de peso: tomar conciencia de cómo se transfiere el peso de un pie a otro al caminar, poniendo atención en el apoyo y el despegue del pie.

Saltos y giros: practicar saltos en los que el cuerpo pierde el apoyo y giros para cambiar la orientación corporal.

Improvisación guiada

Pausar el movimiento: realizar un movimiento, hacer una pausa y observar hacia dónde lleva, variando la duración de las pausas y la rapidez de los movimientos.

Ejercicio grupal: El nudo humano

El nudo humano: formar un círculo, extender los brazos y tomar manos aleatoriamente. Luego, entre todos, desatar el nudo pasando por arriba y por debajo de los cuerpos sin soltarse, fomentando la coordinación y el trabajo en equipo.

Notas

Además, en las clases de Educación Física, se pueden incluir actividades que no solo se centren en la competencia, sino también en la diversión y el disfrute del movimiento.

Se pueden organizar talleres de autocindado en los cuales se hable de la importancia del bienestar, del autocuidado, de salud mental, brindándole a los estudiantes estrategias prácticas para aplicar en la cotidianidad.

Actividad grupal sobre el autocuidado

Esta es una actividad para realizar con los estudiantes en un espacio amplio, donde puedan caminar y encontrarse unos con otros con la finalidad de llevarla a cabo.

Encontrá al menos dos de tus compañeros que puedan mencionar tres maneras de autocuidado.

Contales tus tres formas de generar autocuidado.

Sugerencias para cultivar el autocuidado

Como educador, aquí te facilito algunas acciones para despertar el interés por el autocuidado:

- Convocá a diversos y variados oradores (padres, abuelos, personas públicas) que tengan algo para compartir respecto del bienestar y el autocuidado.
- Ofreceles escribir de manera reflexiva: un diario del aula, un diario personal, una carta a ellos mismos a su yo del pasado o del futuro.
- Pediles a tus estudiantes que generen ideas y lleguen a un consenso sobre cómo crear un entorno de aprendizaje que promueva el bienestar.
- Invitalos a realizar en grupo un mural sobre el autocuidado.
- Generá un espacio de encuentro musical en donde tus estudiantes puedan compartir, cantar, tocar canciones propias o de autores que se relacionen con el tema.

Recordá que el bienestar se construye entre toda la comunidad.

PARTE 2

Acompañar las emociones en el aula

Estar en el aula, habitar la escuela, significa hacernos presentes, de una manera u otra, como personas y como profesionales de la educación. Es conectar con nosotros mientras conectamos con otros. Somos parte nuestra y de ellos. Nos amalgamamos siendo únicos, no dejando de ser nosotros.

Estar en el aula es ser en el aula.

Es bien-ofrecer y bien-recibir desde el corazón, aceptando cada una de las emociones que se presentan en mí, como persona y educador y en mis estudiantes, además de las emociones conjuntas que habitan nuestras aulas.

Estar en el aula es "reiniciarnos", es actualizar vínculos, miradas, gestos, silencios tantas veces como queramos y sea necesario.

Estar en el aula es *acoger y proteger*. Es brindar refugio, recibir, dar la bienvenida al "latido emocional", no siempre acompasado, de nuestros estudiantes. Proteger es ofrecerles nuestros brazos hacia el lugar seguro de nuestra aula emocional, donde cada uno de ellos puede ser.

Capítulo 4

Nombrar y aceptar: educar la inteligencia emocional desde el mindfulness

Crear espacios seguros para hablar de emociones

Nombrar y aceptar las emociones propias implica identificar y ponerle nombre a lo que sentís sin juzgarte, reconociendo que todas las emociones son válidas. Una vez que nombrás la emoción, podés entenderla mejor y gestionarla de forma más inteligente en lugar de reaccionar impulsivamente.

Para aceptarlas, es importante que observes tus sentimientos sin juzgarte, que seas amable con vos y que recuerdes que ellas son una parte natural de la experiencia humana.

Tu aula necesita ser el oasis de tus estudiantes. Ese lugar que invita a la tibieza de los mimos de las madres, al bocado de la comida preferida, a lo suave de la manta que te cubre por la noche, esa canción de cuna que te arrulló cuando eras pequeñito. Esa es tu aula y así debe ser la mayor parte del tiempo que los estudiantes la habitan.

Los espacios seguros están libres de toda amenaza para el cerebro y así se convierten en el lugar deseado e indicado para que el aprendizaje y el bienestar confluyan.

Estos espacios que huelen a sandía y a melón, que se sienten tranquilos, son ideales para una cita con las emociones: para hablar sobre ellas sin tapujos.

¿Cómo crear espacios seguros?

Imagino que a esta altura ya sabés cómo crear espacios de calma que serán, por lo tanto, espacios seguros: a veces con música suave, con diferentes texturas, con libros que te inviten a leer poesías o fragmentos, con frases motivadoras en las paredes, con objetos que inviten a amigarse con las palabras y el diálogo.

Los espacios seguros te invitan a realizar variadas actividades.

Espacio de reflexión: ¿Estoy regulando o evitando mis emociones?

Trabajar reconociendo cuándo evito una emoción y cuándo en verdad logro regularla.

Cuando evito una emoción	**Cuando regulo mi emoción**
Me distraigo todo el tiempo (con redes sociales, videojuegos, series) para no pensar.	Hago una pausa consciente, respiro, conecto con mi cuerpo antes de actuar.
Me alejo de todo y de todos cuando me siento mal.	Elijo un espacio o actividad que me ayude a procesar (escribir, caminar, hablar, llorar).
Ignoro lo que siento diciendo, "*no pasa nada.*"	Me doy un momento para reconocer y nombrar lo que siento ("me siento decepcionado", "me asusta").
Busco que otro me calme o me diga qué hacer.	Valido lo que siento por mí mismo: "es lógico que me sienta así con lo que estoy viviendo".
Espero que la emoción desaparezca sola.	Escucho lo que esa emoción intenta mostrarme y respondo de forma coherente con mis valores.

Actividades para mejorar la autoestima

1 Detective de pensamientos: anotar pensamientos autocríticos y buscar evidencia a favor y en contra

Pensamiento: ....

A favor	En contra

Pensamiento: ....

A favor	En contra

Pensamiento: ....

A favor	En contra

Pensamiento: ....

A favor	En contra

2 Reescribí tu historia

Cambiá una experiencia pasada por una versión más compasiva.

Historia ....

....

....

Reescribo ....

....

....

Historia

Reescribo

Historia

Reescribo

Historia

Reescribo

3 Post-its de afirmación

Coloco mensajes positivos en lugares visibles.

Mensajes escritos en los post-its: "Soy muy capaz". "Puedo solo". "Admiro mi valentía".

4 Desafío de autocuidado

Realizar una acción de cuidado propio durante siete días.

Día 1 ....

Día 2 ....

Día 3 ....

Día 4 ....

Día 5 ....

Día 6 ....

Día 7 ....

5 Reto de autocompasión

Escribir cada noche una frase amable como si fueras tu mejor amigo.

6 Una cita con vos mismo

Planificá actividades que disfrutes mucho, como si fueras tu mejor compañía.

Práctica: observar emociones sin juzgar

Vamos a llevar la atención a la respiración. A medida que inhalamos y exhalamos, es natural que surjan pensamientos. No los juzguemos ni intentemos suprimirlos. Permitamos que vengan y se vayan como si fueran nubes en el cielo. En caso de que nos encontremos juzgando un pensamiento o sintiendo alguna emoción como la frustración, simplemente observémoslos con curiosidad y amabilidad. Volvamos la atención a la respiración. A medida que vayamos practicando, notaremos cómo los juicios y las reacciones automáticas se vuelven cada vez menos intensas.

Respetar lo que es

Aceptemos de manera incondicional lo que sentimos. Es lo que sentimos y no lo vamos a juzgar. No es ni bueno, ni malo, es.

No hay emociones buenas ni malas, todas buscan la supervivencia. En su origen, todas las emociones tienen una función adaptativa, tienen una razón de ser y discriminarlas entre positivas y negativas no es más que un juicio de valor que nos aleja de la conciencia y nos distrae de la idea de que la bondad o la maldad no están en la emoción en sí, sino en la forma de interpretarla y gestionarla.

Validar

La validación emocional implica transmitir no solo la legitimidad de lo que sentimos, sino también el valor y la relevancia que tiene para nosotros. Se trata de dar un paso más allá de la aceptación: tenemos derecho a sentirlo y, además, lo que sentimos es importante.

Es necesario insistir en la idea de que lo que validamos es la emoción, no el comportamiento que resulta de ella. Por eso le damos relevancia, valor, a lo que sentimos, aunque eso no implica aceptar la conducta, cuando esta implica un daño para nosotros, los otros o para el entorno.

Práctica RAIN

La palabra RAIN en inglés significa "lluvia". Con este nombre se conoce una técnica de mindfulness que tiene como intención trabajar con emociones difíciles y dolorosas como el miedo, la tristeza, la rabia o la ansiedad. Es una técnica que nos invita a promover la autoconciencia y la autocompasión. Poder ser capaces de gestionar lo que sentimos significa que nos encontramos en eje, alineados con nosotros mismos, con nuestros deseos, motivaciones, elecciones y metas.

El mindfulness nos permite ser plenamente conscientes de los estímulos internos y externos que surgen en el momento presente, con aceptación y ecuanimidad, sin juzgar, sin expectativas o creencias, con serenidad, bondad y autocompasión: poder abrirnos, de esta manera, a la experiencia del aquí y ahora.

Mediante el mindfulness podemos favorecer *la regulación de la atención* para mantenerla centrada en el momento presente, y desarrollar una *actitud de curiosidad, apertura y aceptación* hacia ese momento, independientemente de que este tenga un valor positivo o negativo.

La técnica RAIN se basa en la idea de que todas nuestras emociones aparecen por alguna razón. Aplazarlas, negarlas o evitarlas no es la solución. Todas las emociones son válidas y es importante que podamos aprender de cada una de ellas: conocerlas, comprenderlas y gestionarlas.

RAIN es un acrónimo que creó la profesora Michele McDonald, y que hace referencia a una técnica con el fin de poder realizar una pausa, conectar con el presente, y replantearnos nuestra emoción. Dicha técnica consta de cuatro pasos:

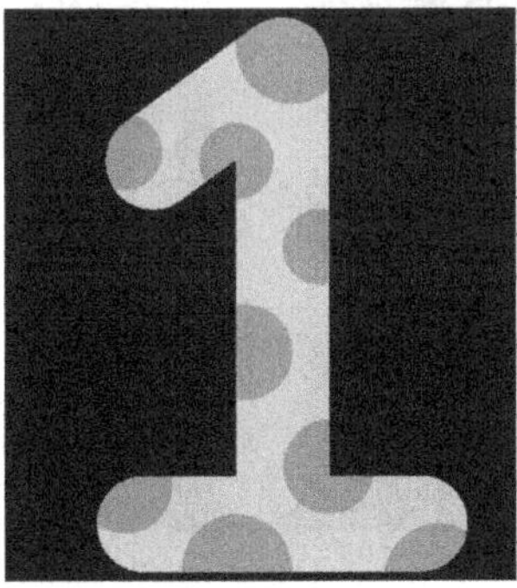

R (Reconocer): consiste en observar y reconocer lo que nos sucede en el momento presente de manera compasiva, sin juzgar ni buscar interpretar. Se trata de poner en palabras las emociones, sensaciones y sentimientos que estamos experimentando aquí y ahora. Es prestarle atención a lo que estamos pensando y sintiendo con curiosidad y aceptación. Vale la pena describir y ser consciente de las sensaciones corporales que acompañan esa emoción.

A (Aceptar): el segundo momento es aceptar lo que sentimos sin resistirnos, permitiéndonos experimentar lo que sea que estemos experimentando en ese momento. Es validar nuestras emociones sin evitarlas, bloquearlas, negarlas o tratar de cambiarlas. Aceptar lo que nos pasa no es un acto de resignación, al contrario, es darle un lugar de manera activa, sabiendo que esa emoción cumple una función en nosotros.

I (Indagar): El tercer paso es indagar y preguntarnos por la emoción que estamos sintiendo, con curiosidad y mucha compasión.

¿Cuándo empecé a sentir esto? ¿Qué pensamientos tengo? ¿Qué siento en el cuerpo? ¿Qué estoy necesitando? ¿Qué creencias tengo al respecto? ¿Con qué recursos cuento? (Internos o externos). ¿A qué le temo? ¿Me ha pasado otras veces?

N (Nutrir): Hasta aquí hemos reconocido, aceptado e indagado acerca de nuestro estado emocional, lo importante ahora es descubrir qué necesitamos en relación con esta emoción, desde el cuidado y la autocompasión. A veces, solo necesitamos un momento a solas o tomar alguna acción de autocuidado, otras veces podemos necesitar hablar con alguien, pedir algo, un abrazo, atención... Se trata de hacer una pausa para ver realmente a qué nos invita esta emoción y ser coherentes con ella; así le permitimos cumplir su función.

Se trata de acercarnos a la emoción y no sobreidentificarnos con ella. Entendiendo que lo que me pasa es una experiencia actual, bajo una situación determinada y no representa mi identidad. Dejo de identificarme con mis pensamientos, con mis emociones, y puedo tomar distancia.

¿Cómo hacer que los adolescentes sientan útiles las prácticas de mindfulness?

- Tus estudiantes valorarán las prácticas de mindfulness al darse cuenta de que:
- Están presentes cuando se dan un baño o una ducha.
- Cuando se concentran en lo que dice su docente en clase, o cuando realizan tareas.
- Se sienten presentes en las conversaciones que tienen.
- Cuando aprenden a apreciar detalles en sonidos, colores, formas que los circundan.
- En la escucha atenta que tendrán y en tantas otras maneras de apreciar la presencia en sus vidas.
- Seguramente les preguntarás cómo se sienten, qué cambios perciben en su cotidianidad y ellos te irán contando diferentes sensaciones, emociones que tienen y situaciones en donde las han percibido.

Podés preguntarles:

¿Cómo te diste cuenta de que has estado más presente, más "mindful" en el día de hoy?

¿Qué prácticas de mindfulness son las que te dan más resultado?

¿Cuáles son tus favoritas?

¿Qué sonidos tiene mindfulness para vos?

¿Cómo te sentís al notar que "estás más presente", "más mindful"?

Podés proponerles estas actividades:

Dibujate estando más presente.

Hacé un dibujo con los colores de mindfulness.

Dibujá un lugar mindful para vos.

Actividad: Con mindfulness aprendí...

Esta es la huella de tu dedo. Escribí sobre cada línea qué aprendiste sobre vos y de las cosas con mindfulness, comenzando por: "Con mindfulness aprendí..."

Capítulo 5

Calmar la mente

Herramientas para dejar pasar los pensamientos y distracciones que aparecen en nuestra mente

Es importante que les enseñemos a nuestros estudiantes que ellos pueden calmar la mente con diferentes prácticas que, al realizarlas con frecuencia, se convertirán en sus aliadas y los llevarán a encontrar un estado de calma y de tranquilidad de manera sencilla.

Cuando comenzamos a practicar mindfulness e intentamos mantener nuestra atención en una experiencia determinada del momento presente (la respiración, el cuerpo, un sonido o cualquiera que sea el foco principal de atención), podemos encontrarnos con la dificultad de no saber cómo dejar pasar los pensamientos y las distracciones que aparecen sin cesar en nuestra mente (sentimientos, recuerdos, imágenes, etc.), se encadenan unos con otros y nos arrastran a un lugar en el que no queríamos estar.

En estos casos nos puede ser útil recurrir a algunas de estas imágenes:

- Podemos, por ejemplo, imaginar que los pensamientos son como las aves que vuelan por el cielo. Aparecen por sorpresa, permanecen en nuestro campo de visión un rato y después siguen su camino hasta que dejamos de verlas.
- También pueden asimilarse a las burbujas de un recipiente con agua hirviendo. Se originan en el fondo, suben a la superficie y una vez allí, se disipan en el aire.
- Es posible que los veamos como olas del mar, que vienen y van y las dejamos partir. El mar sigue su propio ir y venir.
- Quizá nos resulte eficaz imaginarlos como el juego infantil de las escondidas. Cuando aparezca un pensamiento, imaginemos que es como el compañero de juego al que descubrimos; nos felicitamos por ello, pero enseguida lo soltamos con alegría, ya que el juego continúa y hay otros compañeros —en este caso, pensamientos— que "atrapar".
- Otra metáfora que podemos utilizar es la del río. En ocasiones, el curso del río va despacio, otras turbulento, otras como un remanso o con remolinos y burbujeos... Nuestros pensamientos pueden tener las mismas características. Pero el flujo del río sigue su curso, como el flujo del pensamiento.
- También podemos tomarlos como si estuviéramos en el cine. Los pensamientos se suceden como las imágenes de la película que estamos disfrutando, cualquiera sea su contenido o carga emocional.
- Podemos imaginar los pensamientos como si fueran pompas de jabón que se rompen al tocarlas y se convierten en cientos de partículas que desaparecen en el aire.

Exploremos y descubramos con qué imagen nos sentimos más cómodos, cuál resulta más significativa para nosotros.

Cuando tratamos los pensamientos y las distracciones de este modo en la conciencia, pierden rápidamente la capacidad de atraparnos, de que quedemos prisioneros en ellos.

Los pensamientos no somos nosotros; si bien son parte de nosotros, somos mucho más que nuestros pensamientos.

Posibles maneras de calmar la mente

Pasar tiempo en la naturaleza
Salir a caminar por algún lugar elegido o estar al aire libre puede ser muy relajante.

Utilizar música
Escuchar música relajante puede ayudarnos a reducir el cortisol, hormona asociada al estrés.

Llevar un diario
Anotar los pensamientos y preocupaciones en un diario para organizarlos y sacarlos de tu cabeza puede hacernos sentir muy bien.

Realizar actividades creativas
Llevar a cabo actividades que disfrutamos, como dibujar, tejer o pintar.

Descansar
Dormir lo suficiente y mantener un horario regular para acostarnos.

Tomar descansos
Hacer pausas cortas durante el día para desconectar y centrarnos en el momento presente puede ayudarnos.

Conectar con otros
Hablar con amigos y familiares nos tranquiliza y nos hace sentir seguros.

Práctica: "Nuestro clima interior"

La intención de esta práctica es registrar nuestros pensamientos, nuestro estado de ánimo. Tomar conciencia de nuestras emociones y marcadores somáticos. Favorecer la introspección.

Vas a guiar este ejercicio con voz pausada diciendo:

Nos sentamos cómodamente, cerramos los ojos y nos tomamos un tiempo para descubrir cómo nos sentimos en este momento.

¿Qué tiempo hay por dentro?

Observemos si brilla el sol y nos sentimos relajados, o si hay nubes y está a punto de caer un chaparrón, o quizá si hay una tormenta y nos sentimos furiosos o enojados.

Observemos de manera amable y curiosa cómo está el tiempo en nuestro interior. ¿Estamos tensos? ¿Relajados? ¿Nos late fuerte el corazón? ¿Sentimos calor, frío? ¿Estamos colorados?

Nos registramos en este momento: es simplemente lo que hay, puede ser que en otro instante del día cambie nuestro clima interior, pero ahora es como es, y así está bien. Los estados de ánimo cambian como cambia el tiempo.

Realizamos tres respiraciones profundas de limpieza. Inhalando y exhalando por la nariz.

Si pasa algún pensamiento por nuestra mente, lo observamos como si fuera una nube que lentamente el viento se lleva. Registramos cuál es nuestro clima interior; si nos sentimos tranquilos, relajados, si nos sentimos ansiosos, nerviosos. Sea lo que sea, es cómo nos sentimos en este momento. Es nuestro estado de ánimo en este momento.

Ahora, muy lentamente, vamos abriendo los ojos, agradeciéndonos por esta práctica.

Práctica: "Tomo conciencia de mis pensamientos"

La intención de esta práctica es tomar contacto con el aquí y ahora, el momento presente.

Desarrollar la observación y el registro de los pensamientos. Favorecer la concentración.

Generar calma.

Material necesario

- Hoja de papel.
- Lápiz o bolígrafo.

Este es un ejercicio de escritura para tomar conciencia de los pensamientos.

Pediles a tus estudiantes que se sienten, tomen la hoja de papel y escriban durante cinco minutos todos los pensamientos que pasan por sus mentes.

Luego, pueden compartir lo que escribieron.

Actividad: Cuestionar lo que me preocupa

Recordemos

Nuestra mente puede ser nuestro refugio o una intensa tormenta. Por momentos, se llena de miedos o de historias que nos contamos y que no tienen razón de ser. Lo que pensamos crea lo que sentimos. Lo que sentimos define el mundo que vemos. Al elegir la calma, no negamos lo que nos duele, lo que nos preocupa, sino que lo miramos con conciencia de manera más amorosa, más compasiva.

Cada pensamiento es una semilla. Elegí sembrar paz, amor, comprensión y gratitud y, entonces, verás cómo todo comienza a florecer de una forma diferente. Cuando aprendemos a cuidar nuestra mente, la vida se vuelve un lugar más amable, más habitable.

Actividad: Acallar la mente y darle presencia a la palabra

Escribir dándole espacio a lo que sentimos, desde sensaciones, emociones hasta sentimientos.

Escribir contándonos lo que está en nuestro interior para poder atrevernos a contar con otros, a otros. Desde la sinceridad y la confianza.

Te invito a que te permitas conectar con vos y que escribas una carta.

¿Cuántas veces te silenciaste por temor, por desconfianza o por el juicio de los demás? ¿Cuántas veces callaste en vos lo que verdaderamente sentís y no te atrevés a decirte en voz alta? Tal vez este sea el momento para hablarte de manera franca y honesta. Momento de escucharte con el corazón abierto de par en par. Es momento de darle espacio a lo que habita en tu interior. Permitite abrirte a vos con confianza y autenticidad. Tu voz es una herramienta poderosa: con ella podés construir puentes con tu interior, con los demás. ¿Te pemitís expresar con claridad tus emociones, tus sentimientos? ¿Cuáles son tus miedos? ¿Qué es lo que no te gusta que sepan de vos?

Es momento de hablar de tu propósito. ¿Para qué estás? ¿Cuáles son tus sueños, tus metas?

¿Qué cualidades tenés? ¿Cuáles te gustan más?

Es momento de que te atrevas a darte a conocer...

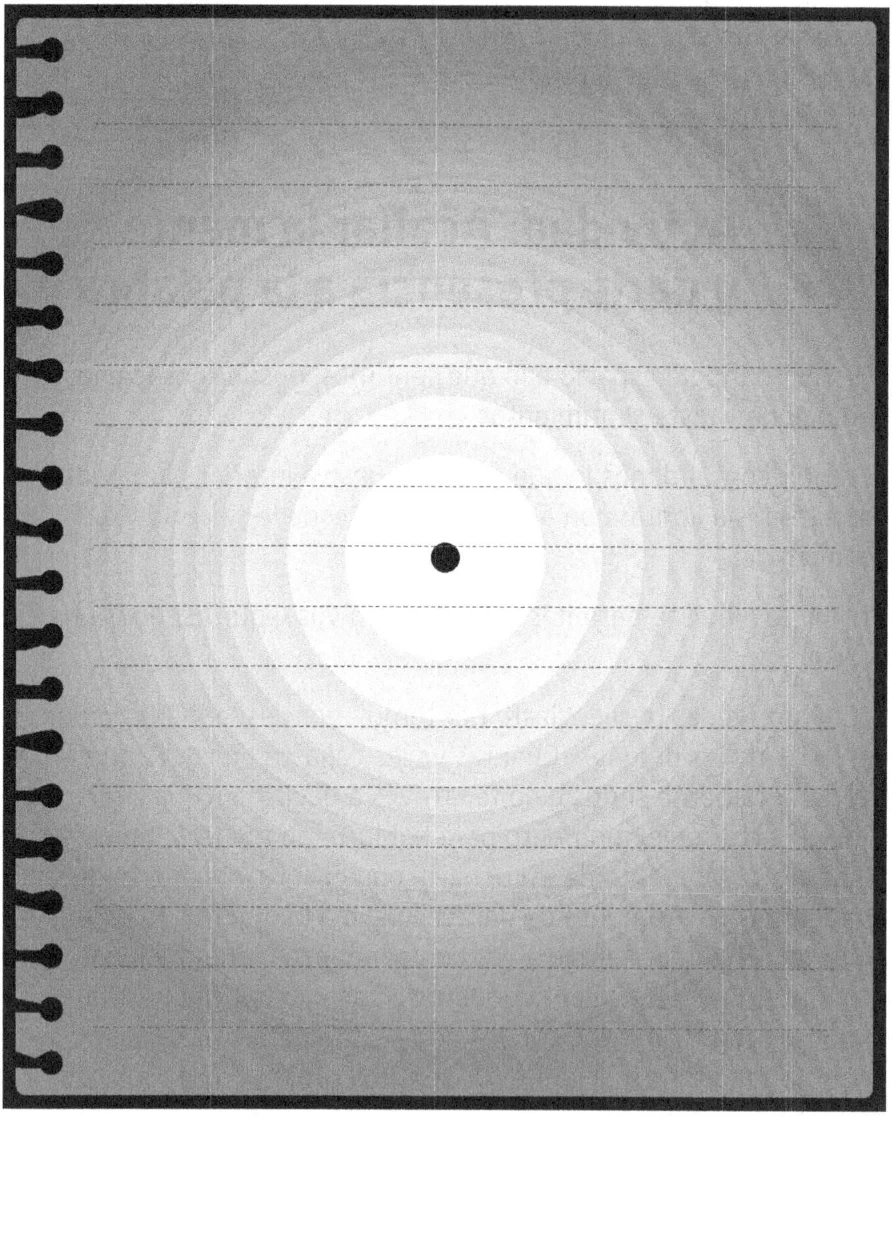

Capítulo 6

Cultivar la autocompasión

Fomentar el buen trato hacia uno mismo

¿Qué es la autocompasión?

La autocompasión consiste en comprenderse y ser amable con uno mismo ante cualquier error o equivocación que cometamos. Es el deseo de calmar nuestro sufrimiento, en contraposición a criticarnos y castigarnos.

Es, además, una manera de autoconocimiento, en la que aprendemos a dialogar interiormente en un tono y forma basados en el respeto, la amabilidad, el cariño y la positividad.

Ser amable de verdad no es nada fácil, menos aún ser amable con uno mismo. Es decir, aceptar con afecto todo lo que veo en mí.

Ser compasivos nos ayuda para:

- Fortalecer las relaciones con los demás, porque también se desarrolla la empatía.
- Trabajar la tolerancia, la paciencia a través de la calma interior.
- Devenir introspectivos, potenciando el autoconocimiento.
- Evolucionar internamente al poder interpretar de manera comprensiva nuestras experiencias.

¿Cómo podemos ser más compasivos con nosotros mismos?

Nos permitimos pasar tiempo a solas con nosotros mismos.

El primer paso es dedicar un tiempo a encontrarnos con nosotros mismos, concentrándonos en nosotros. Para eso, es necesario que dejemos de lado el móvil y todo lo que pueda distraernos con el fin de sentir, de manera consciente, nuestra presencia en aquellos espacios que nos transmiten calma.

Cambiamos la perspectiva, siendo más objetivos.

Esto nos ofrecerá un punto de vista nuevo sobre una situación o desafío. Todos cometemos errores, así que es importante que no nos culpemos. Seamos objetivos y acompañémonos a nosotros mismos, así como acompañamos a un ser querido en un momento difícil.

No magnifiquemos las situaciones.

La autocompasión significa aceptar lo ocurrido y, por ende, nuestras emociones con respecto a ello, pero sin agrandar lo sucedido.

Practiquemos la responsabilidad.

Aprendamos de nuestras equivocaciones para favorecer la resiliencia ante nuevas situaciones. Ser responsables con nosotros mismos es clave para superarnos.

Tengamos esperanza.

Durante todo el proceso veremos que nuestra visión cambia hacia una perspectiva más positiva y llena de esperanza. Miremos hacia lo que viene para encontrar nuevas posibilidades que puedan llegar a nosotros.

Prácticas informales diarias para desarrollar la autocompasión

1. Tomar conciencia de las experiencias de amor y compasión cuando surjan espontáneamente y también notar sus opuestos (por ejemplo, rabia, celos, envidia, desagrado, juicio).
2. Ser amables, bondadosos, compasivos por alguien cercano, de manera intencional, al menos una vez al día, buscando ocasiones para ayudar o apoyar a alguien.
3. Buscar oportunidades para interpretar una experiencia de una manera compasiva o para ofrecer un gesto amable a alguien.

Práctica meditativa: Meditación de la bondad amorosa

Esta meditación es una adaptación de la meditación de la bondad amorosa creada por Sharon Salzberg.

Sharon Salzberg es maestra de meditación y cofundadora de la Insight Meditation Society de Massachusetts. Publicó alrededor de trece libros, entre ellos, *Lovingkindness* y *The Power of Meditation*. Fue una de las pioneras en introducir la meditación de atención plena y bondad amorosa en la cultura estadounidense hace casi cincuenta años, inspirando a generaciones de profesores de meditación y personas influyentes en el ámbito del bienestar.

Práctica

La bondad amorosa se teje, se entrelaza a lo largo de nuestra práctica, implícita y explícitamente. De manera implícita, al colocarnos en una posición cómoda, prestando atención a la sensación de la respiración, generalmente no pasa mucho tiempo antes de que nos demos cuenta de que nos hemos distraído. Ya sea que la mente ha entrado en el pasado, al futuro o en algún lugar.

El momento en que nos damos cuenta o reconocemos que nos hemos distraído es como el momento mágico en la práctica. Porque es el momento en el que tenemos la oportunidad de ser realmente diferentes. En lugar de juzgarnos y ser exigentes, podemos perdonarnos, teniendo compasión por nosotros mismos.

De una manera explícita, podemos conectarnos con el amor y la compasión que existen en el mundo.

~ *Empezá por adoptar una postura cómoda y estable. Quizás quieras estirar la espalda, relajar los hombros y el cuello por unos instantes.*
~ *Llevá tu atención para notar cómo está tu rostro. Observá tu frente, tus párpados, tu mandíbula.*
~ *Quizás elijas dejar un pequeño espacio entre tus dientes y notar si es posible relajar todos los músculos de tu cara.*
~ *Descansá tus manos sobre las piernas o sobre las rodillas y cerrá los ojos, o bajá la mirada si cerrar los ojos te genera incomodidad.*
~ *Te invito a que tomes dos o tres respiraciones de limpieza, inhalando por la nariz y exhalando todo el aire por la boca.*
~ *Inhalá el aire por la nariz y exhalá el aire por la boca profundamente hasta vaciar el torso, hasta vaciar tu pecho.*

- ~ *Hacelo a tu ritmo, a tu tiempo. Una vez más. Aprovechando a soltar con cada exhalación cualquier punto de tensión o preocupación que esté por ahí.*
- ~ *Cada exhalación es una oportunidad para soltar y aflojar.*
- ~ *Ahora, dejando que la respiración llegue a su ritmo natural, a su ritmo orgánico, tomate unos minutos para enfocar la atención en la respiración y percibir la experiencia de respirar momento tras momento, instante tras instante. Simplemente soy consciente de cómo entra y sale el aire de mi cuerpo ya sea en la zona del pecho, la zona del abdomen o tal vez en los orificios de la nariz.*
- ~ *Silencio.*
- ~ *Y recordá que cada vez que tu mente se distraiga, observa esa distracción y, con amabilidad, con paciencia, vuelve al foco de la respiración una y otra vez.*

Ahora podés imaginarte sentado en el centro de un círculo compuesto por los seres más amorosos que hayas conocido. O tal vez nunca los conociste, pero te inspiraron.

Tal vez estén vivos, existieron históricamente o sean personajes o figuras míticas. Ese es el círculo. Y ahí estás sentado, en el centro. Es un círculo de amor. Tal vez puedas experimentar que sos el receptor de la energía, de la atención, del cuidado, de la consideración de todos esos seres.

De manera silenciosa, repetí frases que sean una expresión de lo que más deseás: para encontrarte bien y desarrollar así modos de alcanzar tu equilibrio emocional. No solo para este momento, sino también para que duren y permanezcan en el tiempo.

Frases inspiradoras, abiertas, tales como:

> Que esté a salvo.

> Que esté en paz, que esté libre de sufrimiento, que esté pleno y lleno de bondad amorosa.

> Que yo esté bien, que esté seguro, que sea feliz, que tenga salud, que viva con facilidad de corazón, la sencillez y la posibilidad de sentir.

Estas frases son tu ancla a este momento presente, de amabilidad, curiosidad y sin juicio.

Imaginá que tu piel es porosa y que esta energía de bondad amorosa entra en ella. Imaginate recibiéndola. No hay nada especial que debas hacer. Simplemente sentir. Está ahí porque existe.

Que pueda ser feliz. Que pueda estar en paz. Y que pueda permitir que la calidad de la bondad amorosa, la compasión y la atención fluyan hacia todos los seres de este círculo, y luego hacia todos los seres en todas partes del mundo, del planeta. De manera que lo que recibís se transforme en dar. La calidad de la atención y la amabilidad que existen en este mundo puede convertirse en parte de lo que sos y de lo que expresás a los demás.

Que este momento te dé fortaleza para brindarte tal cual sos, tal como sentís, favoreciendo la conciencia de cada acto, pensamiento, de cada dicho y de cada sentimiento.

Que sientas fortaleza, que sientas bienestar, que brindes confianza, amor a todos los que te rodean, a tus seres queridos.

Que así sea.

Cuando te sientas listo, podés ir abriendo los ojos.

Reflexión: ¿Cómo te tratás cuando cometés errores o te sentís mal?

Este es un espacio para que te permitas abrir tu corazón para ser más compasivo con vos mismo. Escribí tu reflexión. Comencemos…

Dinámicas para trabajar la autoaceptación y la empatía

Ejercicio del día

Atiendo sin forzar la *sensación*

de mi respiración por unos instantes

y me propongo, *sin palabras*, ser hoy amable

conmigo y sentirme agradecido.

Hago cinco momentos *stop* y doy gracias

por tener esta oportunidad

de ser amable conmigo y con otros.

Observo lo que siento mientras lo hago.

Me doy un momento para describir cómo me siento...

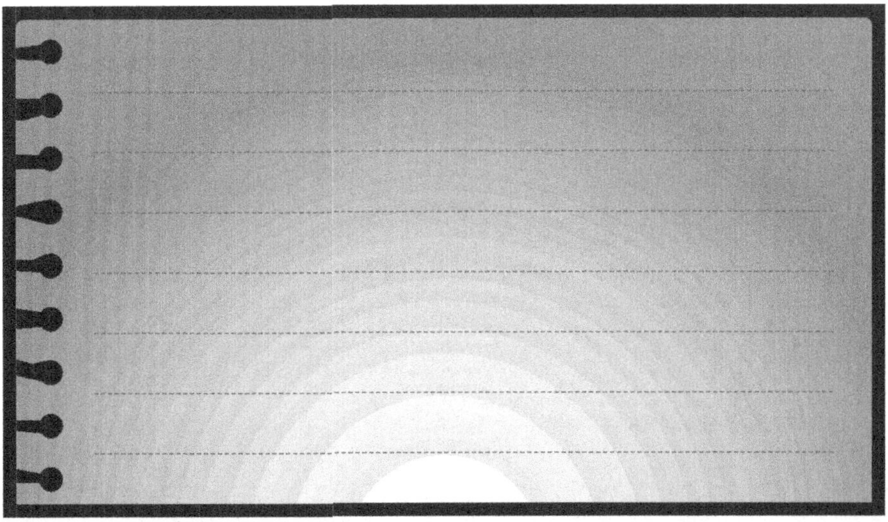

Actividad: Escribir con el alma

Escribir con el alma es, sin duda, el mejor lugar desde donde escribir. Esta práctica consciente invita a los estudiantes a conectarse con lo que les gusta, con lo que aman. Genera una absoluta sensación de bienestar.

Realizá tres respiraciones profundas, inhalando aire por la nariz y exhalando por la boca. A continuación, escribí o dibujá lo que te gusta o lo que amás y es muy importante para vos.

Recuerdos

Lugares

Familia

Amigos

Aromas

Gustos

Pasatiempos

Actividad: Un estanque tranquilo

Imaginemos un estanque tranquilo y claro. El agua es profunda y trasparente. Debido a esta claridad, se puede ver todo lo que hay en el fondo, y aunque el estanque es profundo, las cosas del fondo casi parecen estar en la superficie. Ahora imaginemos que estamos sentados a la orilla del agua, arrojando piedritas al centro del estanque. Comenzamos a hacerlo despacio, arrojando una de vez en cuando. Y percibimos que cada piedrita crea una onda en la superficie del agua, y que el agua tarda algún tiempo en recobrar su calma inicial. Si arrojamos otra antes de que el agua se haya calmado del todo, crearemos una nueva serie de ondas que confluirá con la anterior. Ahora imaginemos que arrojamos una piedra tras otra y contemplamos toda la superficie del agua agitada al mismo tiempo. Cuando la superficie del agua está así, es casi imposible ver nada en el agua, y mucho menos lo que hay en el fondo.

Esta imagen refleja la superficie de nuestras mentes de muchas maneras, al menos mientras encontramos tiempo para entrenarla de algún modo. Cada nuevo pensamiento, como una piedra que se arroja al agua, crea ondas en la superficie. Estamos tan acostumbrados a arrojar estas piedritas, tan habituados a la distorsión de la superficie del agua, que hemos olvidado qué aspecto tiene el agua en calma. Sabemos que no está bien como está, pero es como si cuanto más queremos inmiscuirnos en la mente, intentando solucionarlo, más ondas creamos. Esta característica de la mente crea la sensación de agitación cuando nos sentamos y nos resulta imposible relajarnos. No hace falta decir que cuando la mente se encuentra fuera de control de este modo, es casi imposible ver lo que sucede y lo que se oculta bajo la superficie. Así es que, sin calmar la mente en primer lugar, resulta muy difícil tener claridad. A veces la claridad significará ser más conscientes del proceso de pensar. En otras ocasiones, la conciencia cambiará las emociones o las sensaciones físicas. Ocurra lo que ocurra y sea lo que sea, permitamos que suceda de un modo natural.

- ¿Qué pensamientos llegan a tu estanque?
- ¿Son muchos?
- ¿Llegan de a uno, de a varios? ¿En cascada? ¿En remolino?
- ¿Podés diferenciarlos o son como un ovillo que cuesta desenredar?

Proponete pensar y reconocer cada uno de ellos. Anotalos. Este es un buen ejercicio para conocer cómo se encuentra nuestra mente en diferentes momentos del día o de la semana.

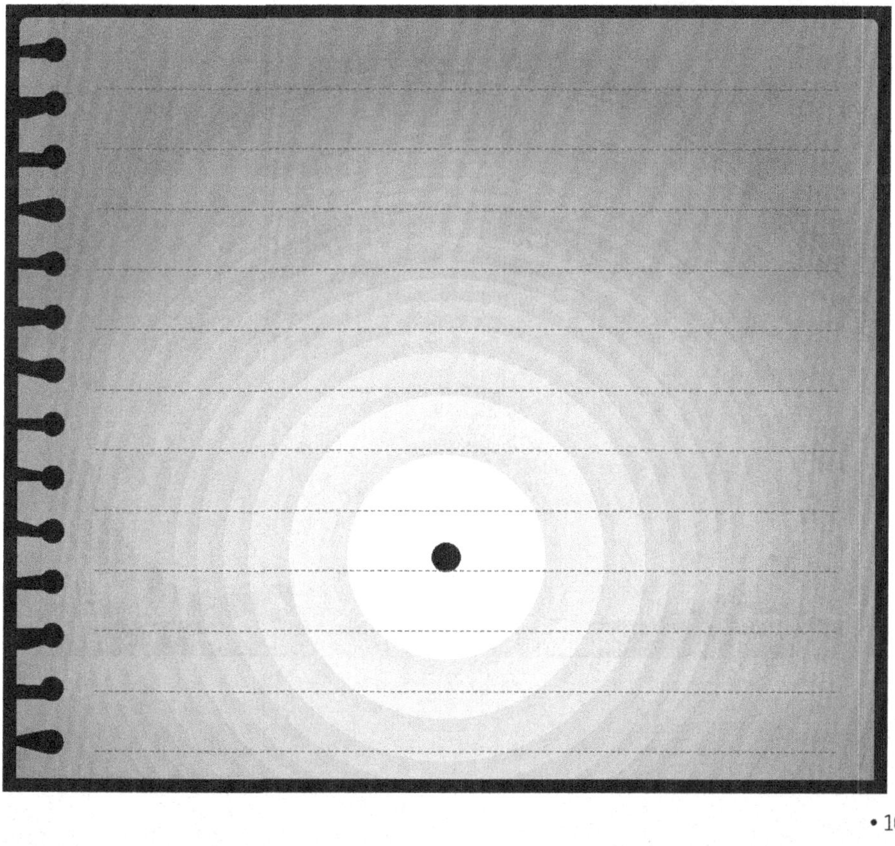

Actividad: Me pongo en tu piel

Esta actividad apunta a estimular la empatía convocando a ponerse en el lugar del otro y a favorecer la regulación emocional enseñándoles a pensar alternativas para gestionar las emociones.

Comenzamos con la realización de tres respiraciones profundas.

Podemos dibujar (en esta o en otra instancia) y luego presentar situaciones de la vida cotidiana y que cada estudiante presente cómo actuaría en estas situaciones o bien que exprese lo que sentiría en cada una.

PARTE 3

Mindfulness en la vida cotidiana

Capítulo 7

Mindfulness en las relaciones

Conectando con los demás

La autocompasión y el autoconocimiento nos permiten avanzar hacia conocernos y vincularnos con otros para luego *conectar*.

Es muy importante estar presentes para los demás, con la escucha atenta y amable, con gestos de solidaridad y acompañamiento, con acciones que demuestran nuestra presencia en la vida de los otros.

Eso permite que nuestras acciones generen un lazo con los demás, fuerte y sentido.

Reflexión: ¿Cómo podemos mejorar nuestras conversaciones?

Podemos mejorar nuestras conversaciones preparándonos para escuchar, dejando de lado nuestros teléfonos móviles y todo aquello que pueda distraernos. Podemos hacer preguntas abiertas. Demostrar interés y empleando frases como "te entiendo", o "contá conmigo" o "es una situación difícil. ¿Cómo puedo ayudarte?"

Todos necesitamos que nos escuchen y que reconozcan nuestros sentimientos.

Podemos cerrar la conversación con un tono positivo, con palabras alentadoras.

Actividad: ¿Liderar o ser liderados? ¿Dónde nos sentimos más cómodos?

Dividimos la clase en parejas. A continuación, damos a cada pareja un lápiz y una hoja que deben partir en tres partes iguales.

Les explicamos que en esos trocitos de hoja realizarán tres dibujos. Para el primer dibujo, deberán tomar el único lápiz que tienen con las dos manos (una de cada integrante de la pareja). Antes de realizar el dibujo no podrán tener ninguna comunicación (en absoluto) entre la pareja. De esta manera, no podrán acordar qué van a dibujar.

Para el segundo dibujo podrán hacer cuatro preguntas que se respondan con "sí" o con "no". Una vez hechas las preguntas, empezarán a realizar el segundo dibujo sin ninguna otra comunicación hablada.

Para realizar el tercer dibujo podrán hablar durante todo el tiempo que quieran y consultar todas las dudas que se les ocurra. No hay límite en la comunicación.

Evaluación

¿Cómo se han sentido? Seguro que alguna persona no se habrá sentido muy bien y es necesario y muy importante que lo exprese. ¿Se han sentido igual en la realización de los tres dibujos?

¿Quién ha tomado la iniciativa más veces? ¿Vivimos situaciones similares en la vida real? ¿Nos sentimos cómodos cuando tenemos que tomar la iniciativa? ¿Nos sentimos cómodos cuando nos imponen comportamientos que no compartimos? ¿Preferimos no tomar la iniciativa para evitar errores?

¿Hemos vivido un conflicto? ¿Podemos ganar un conflicto? ¿Qué le pasa a la otra persona cuando vamos a ganar un conflicto? ¿Existe otra forma de regular conflictos en la que no haya que ganar o perder?

Actividad: Adivinamos el pensamiento

Iniciamos la actividad con el clásico juego de hacer preguntas cerradas a las que solo se responde con un "sí" o un "no". Se trata de adivinar en quién estamos pensando (persona de la

clase, estrellas de cine, personajes famosos, animales, películas, cantantes].
Anotamos el número de preguntas que tenemos que hacer para adivinar el personaje en cada ronda.
En grupos de cinco repetimos la actividad, aclarando que alguien ha de apuntar la cantidad de preguntas cerradas que necesitó cada vez.
De nuevo con todo el grupo, continuamos la actividad introduciendo una variación: ahora las preguntas serán abiertas. Practicamos todos juntos un par de veces, haciendo, como antes, el recuento de las preguntas que se necesitaron para adivinar el personaje. A continuación, los grupos hacen lo mismo.

Reflexión

¿Hemos distinguido con claridad las preguntas abiertas de las cerradas? ¿Cuál es el resultado del recuento de las preguntas cerradas? ¿Y el de las abiertas? ¿Cuáles nos aportan más información?

Observaciones

Las preguntas abiertas contribuyen a ampliar la información y a comprender mejor a las otras personas. En un conflicto, las preguntas abiertas ayudan a aclarar la situación y a deshacer malentendidos.

Actividad: Escucha activa; mostrar empatía y parafrasear

Organizados en parejas, cada integrante piensa en una situación divertida que le ha sucedido o le han contado. Cuando el compañero la explica, los demás bostezamos, nos distraemos, no lo miramos a la cara y adoptamos una pose de aburrimiento.

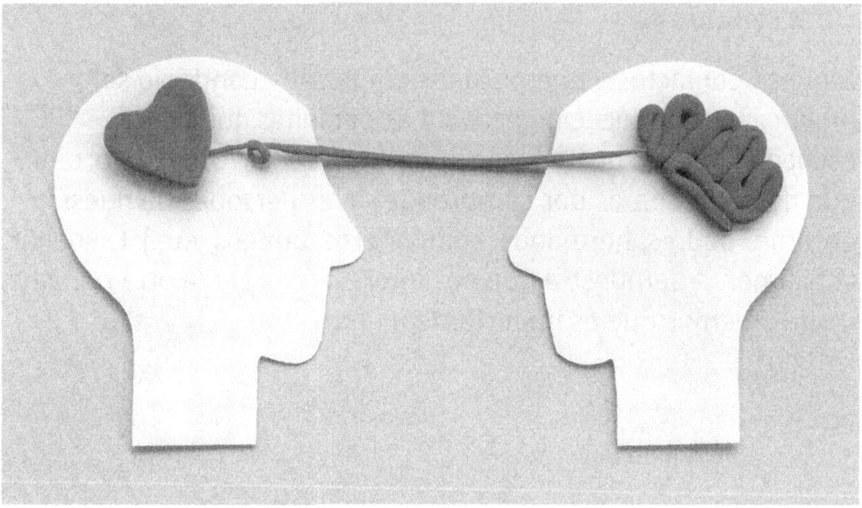

A continuación, se reflexiona:
¿Cómo nos sentimos cuando explicamos la historia? ¿Teníamos ganas de seguir hablando?
¿Qué pensamos sobre nuestros compañeros?

Repetimos la experiencia, pero esta vez mostrando empatía: mirando a los ojos, asintiendo, repitiendo alguna palabra (eco), demostrando que estamos interesados en la otra persona y en lo que nos cuenta.
Se vuelve a valorar esta práctica a partir de las mismas preguntas anteriores para luego:
Explicar que una buena manera de mostrar interés por la persona que nos habla consiste en repetir lo que nos ha dicho de forma parecida a como lo expresó. Así comprobamos que lo entendimos bien, y si no es así, nos lo puede volver a explicar.
Ejemplificar el parafraseo con un voluntario que, en la práctica anterior, ha explicado una historia muy interesante.
En el frente de la clase, algunas parejas de voluntarios pueden elegir una historia; uno de sus miembros escucha y el otro habla. El resto del grupo observa si el oyente muestra empatía (lenguaje no verbal) y si parafrasea.

Observaciones

Algunos conflictos y enemistades empiezan cuando no se practica la comunicación activa. Las personas que no nos escuchan, no nos gustan y nos producen rechazo. Es importante que nos esforcemos por comprender a las personas de nuestro entorno (padres, hermanos, compañeros, amigos, etc.). Escuchar activamente demuestra que nos interesamos por la otra persona, y que creemos que es importante y única.

Capítulo 8

El desafío de las redes sociales y de la tecnología: un uso consciente

¿Por qué resulta importante la atención plena en los hábitos de redes sociales?

En nuestra tarea como educadores, padres, adultos responsables en un mundo adolescente, se nos presenta el gran desafío de acompañar a los jóvenes en el uso de las redes sociales y la tecnología.

Es sabido que el uso de las redes sociales puede tener efectos negativos en algunos adolescentes.

¿Cómo?

- Desviando su atención de las tareas, el ejercicio y las actividades familiares.
- Interrumpiendo el sueño.

- Obteniendo contenido parcial o incorrecto.
- Compartiendo gran cantidad de información personal.
- Idealizando miradas, puntos de vista, imagen corporal.
- Exponiéndose a vincularse en línea con desconocidos que podrían tratar de explotarlos o extorsionarlos.
- Estando en contacto con contenido que les genera inseguridad, ansiedad, insatisfacción.

Demás está decir que pueden encontrarse expuestos a una infinidad de peligros que, a veces, revelan que, como adultos, no somos conscientes de las implicancias que estas redes pueden tener en la salud mental de los adolescentes.

Lo que comparten sobre ellos mismos en las redes sociales también es importante. Es frecuente que publiquen contenido cuando están enojados o disgustados, y que luego se arrepientan.

El uso de la telefonía móvil es un distractor importante en su cotidianidad y nos resulta una tarea imposible hacer que dejen los dispositivos en diferentes momentos del día.

Por lo general, utilizamos las redes sociales en piloto automático, sin darnos cuenta de lo que sentimos mientras navegamos.

Por eso, es importante practicar este tipo de conciencia del momento presente no solo prestando atención al contenido, sino también a nuestras reacciones, incluyendo sensaciones, emociones, pensamientos y sentimientos. Este uso consciente de las redes sociales y de los dispositivos móviles permite percibir sensaciones, emociones positivas y negativas a medida que surgen, lo que ayuda a tomar decisiones intencionales.

Cómo la atención plena nos ayuda a conectar con nuestro cuerpo

Esta práctica comienza al observar tu cuerpo. ¿Qué sensaciones surgen al navegar por las redes sociales? Tal vez tengas experimentes sobresaltos, se te encoja el pecho o se te revuelva el estómago al ver ciertas publicaciones. Quizás te pones ansioso esperando una respuesta rápida de tu computadora y esto te genere una sensación de nerviosismo.

Comenzar a aprender sobre nuestro lenguaje corporal nos ayudará a comprender los sentimientos que impulsan nuestros hábitos. Para ello, podemos practicar una meditación de escaneo corporal como la que realizamos en un capítulo anterior, o simplemente podemos hacer una pausa consciente en momentos de estrés para conectar con nosotros mismos, y así reducir el estrés de forma eficaz.

Para realizar esta pausa consciente, respirá, inhalando y exhalando por la nariz, unas tres o cuatro veces, prestando atención a la respiración: cómo el aire entra y sale por las fosas nasales. Tomando conciencia dónde siento la respiración: en el pecho, en el abdomen. Prestá atención a las sensaciones que se van presentando: calor, frío, picor, ardor, etc.

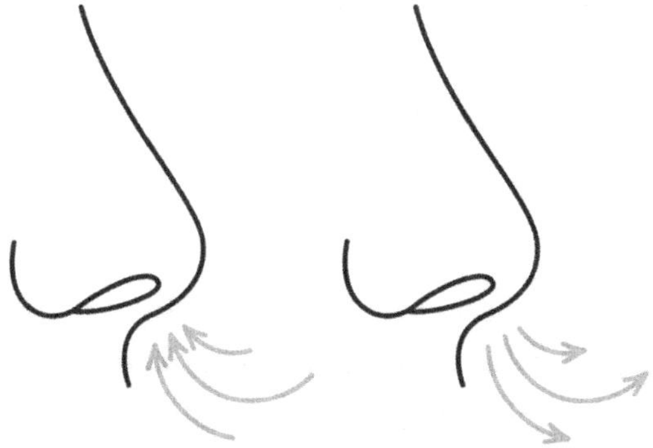

Por qué la conciencia emocional mejora la experiencia en las redes sociales

En lugar de reaccionar, podemos ser conscientes de nuestras emociones cuando utilizamos las redes sociales; Por ejemplo, diciéndonos: "Me doy cuenta de que me pongo nervioso cuando...", "Me doy cuenta de que estoy pensando que no soy lo suficientemente bueno".

Esta distancia nos permite tener espacio para reflexionar y responder con cuidado, en lugar de sentirnos atrapados por reacciones que son meramente automáticas.

Pasos para transformar nuestro comportamiento en línea

Paso 1. Identificá las sensaciones físicas.

Prestá atención a dónde se manifiestan las emociones en tu cuerpo. ¿Sentís tensión, calor o agitación? ¿Estas sensaciones, con qué se relacionan? ¿Qué emociones aparecen?

Reconocer estas señales físicas ayuda a comprender qué impulsa tus hábitos en las redes sociales.

Paso 2. Hacé una pausa antes de abrir la aplicación.

Antes de tomar el teléfono, respirá hondo y preguntate: "¿qué siento ahora mismo?" "¿Qué espero ver o sentir?" "¿Hay algo de lo que intento escapar?" "¿Qué me genera conectarme?".

Este momento de reflexión hará que tu uso de las redes sociales sea más consciente e intencional.

Paso 3. Observá tus reacciones mientras navegás por las redes.

A medida que navegas por tus publicaciones, observá la respuesta de tu cuerpo. ¿Te sentís relajado, ansioso, emocionado? El uso consciente de las redes sociales es una oportunidad para autoconocerte.

Paso 4. Reflexioná sobre el mensaje que estás enviando.

Al publicar contenido, preguntate: ¿Qué quiero expresar? ¿Lo comparto para conectar, explorar la creatividad o buscar aprobación? ¿Lo hago porque quiero o porque me van a juzgar si no lo hago?

Esta reflexión te ayudará a alinear tus publicaciones con tus verdaderos valores.

El uso consciente de las redes sociales implica reflexionar sobre si el tiempo que pasas en línea contribuye a tu bienestar o te genera inquietud. A veces, la mejor opción es dejar de usar las redes sociales por un tiempo para reconectar y reenfocarte.

Reflexión: ¿Cómo impactan las redes sociales en tu estado de ánimo y tu tiempo?

Cinco maneras de ser más conscientes, más "mindful" al utilizar nuestro móvil

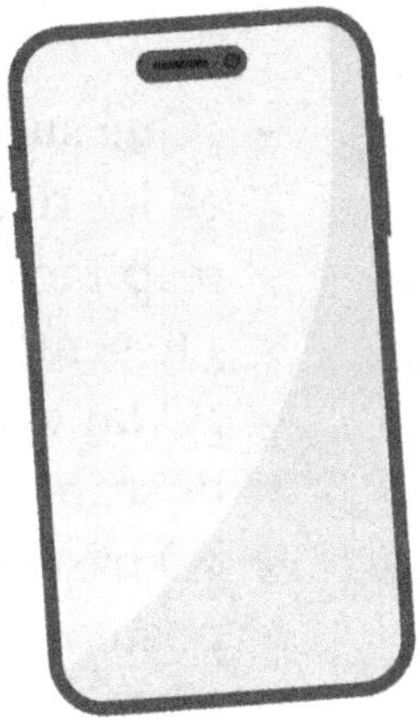

El usuario del dispositivo móvil lo chequea más de 200 veces al día. Casi cada cinco minutos.

Así lo menciona una investigación citada por Mary Aiken en su obra *The Cyber Effect*.

La solución es convertirse en más mindful, es decir, en estar más conscientes respecto de su uso.

Con mindfulness… Tomo conciencia de estas micro compulsiones.

1. Preguntate: "¿Por qué miro mi teléfono?"

Lo hacemos por mero hábito.

Sin necesidad.

Lo hacemos por…

- Aburrimiento.
- Incomodidad.
- Cansancio.
- Soledad.
- Exceso de tareas.

> **Preguntémonos**
> ¿Qué busco?
> ¿Por qué o para qué reviso el teléfono?
> ¿Qué necesito en este preciso momento?

2. Explorá cómo te sentís al hacer uso de tu celular

Cuando colocás el móvil sobre la mesa, hacé dos respiraciones profundas.

- ¿Qué sentís? ¿Qué sensaciones aparecen?

- ¿Qué sucede en tu cuerpo? En los hombros, cuello, en los dedos de la mano y del pie. ¿Qué sucede con la respiración, con el ritmo cardíaco?
- ¿Te sentís satisfecho al limpiar tus mensajes?
- ¿O tal vez satisfecho por encontrar la respuesta a algo que buscabas, esperabas?
- ¿O triste porque tu vida no se ve como la de los *feeds* o posteos de tus amigos o conocidos?
- ¿O tal vez ansiedad por mirar el móvil una y otra vez esperando que alguien te escriba o te lea?

3. Explorá el uso de tu móvil sin juicios

Hay todo tipo de aplicaciones que monitorean el uso de tu teléfono. ¡Sé compasivo con vos mismo mientras monitoreás el uso de tu teléfono, y date crédito por ser proactivo y estar dispuesto a mirar tus propios hábitos!

4. Controlá tu postura

Si estás leyendo en tu teléfono ahora mismo, revisá tu postura. ¿Tenés el cuello tenso? ¿Tenés los hombros tensos o encorvados? Probablemente no sea una sorpresa que nuestra postura, mientras usamos los dispositivos, pueda causar dolor físico.

5. Convertí el uso de tu móvil en una llamada a realizar una práctica mindful

Configurá la pantalla de bloqueo de tu teléfono con una imagen que te recuerde en que debés pensar, en *por qué* estás utilizando el teléfono, y así te anime a ser más consciente de su uso.

PARTE 4

Sostener la práctica como educador

Capítulo 9

Ser un modelo

Construir una práctica propia como docente

El rol del educador como referente de presencia y regulación

Un primer paso hacia el autocuidado como educadores es restaurar, en la medida de lo posible, todas esas cosas que nos gustaban hacer pero que dejamos a un lado por el concepto errado que tenemos sobre "primero los otros".

Todas estas pequeñas cosas que logramos volver a instaurar en nuestra vida, día a día, se convierten en una fuente de autocuidado y nos permiten conectar emocionalmente con otras tantas cosas que se necesitan...

Sostener la práctica de mindfulness como educador es importante por varias razones que impactan tanto en el bienestar personal del docente como en la calidad del proceso educativo.

Estas son:

1. Regulación emocional.
Los docentes enfrentan situaciones de estrés, frustración y alta demanda emocional. El mindfulness ayuda a:
- Reconocer las emociones sin reaccionar impulsivamente.
- Responder de manera más equilibrada y consciente.
- Evitar el desgaste emocional y el agotamiento.

2. Reducción del estrés.
La práctica regular disminuye los niveles de cortisol y desarrolla mayor resiliencia.
Esto permite:
- Mantener la calma ante situaciones difíciles.
- Evitar la saturación mental y el *burnout*.

3. Mejora de la atención y la claridad mental.
El mindfulness entrena la capacidad de enfocarse en el presente.
Sus beneficios son:
- Mayor concentración en la enseñanza.
- Mejor toma de decisiones.
- Menor dispersión o multitarea improductiva.

4. Relaciones más positivas con los estudiantes.
La presencia consciente favorece:
- Una escucha más profunda.
- Mayor empatía.
- Comunicación más clara y respetuosa.

Esto crea un clima de aula más seguro y colaborativo.

5. Modelado de habilidades socioemocionales.
Los docentes son modelos de conducta. Al practicar mindfulness:
- Enseñan sin palabras la importancia de la calma, la atención y la autorregulación.
- Contribuyen al desarrollo socioemocional del alumnado.

6. Mejor manejo del aula.

Al estar más presentes y atentos:

~ Se anticipan conflictos.

~ Se establecen normas con mayor serenidad.

~ Se fomenta un ambiente más armónico.

7. Bienestar y satisfacción personal.

El mindfulness no solo mejora la práctica docente sino también la calidad de vida:

~ Más equilibrio entre trabajo y vida personal.

~ Mayor autoconocimiento.

~ Sensación general de bienestar.

Sostener una práctica de mindfulness como educador es una herramienta poderosa que favorece el bienestar personal, mejora la convivencia escolar y eleva la calidad del proceso educativo. Un docente consciente es un docente más humano y resiliente.

Estrategias para integrar mindfulness en la jornada laboral

"Nuestras escuelas y aulas deben ser espacios generadores de oportunidades que invitan a disfrutar del aprendizaje, junto a pares y adultos que dan apoyo, y así se pueden crear y pueden tener lugar experiencias positivas. Ya que sabemos que el clima escolar, y muy especialmente el del aula, tiene implicancias en los logros de nuestros estudiantes y, en consecuencia, marca una mejora en la calidad educativa."

Como educadores tenemos el compromiso de generar un clima adecuado para que las emociones fluyan, puedan identificarse, gestionarse y formen parte del propio proceso que se desarrolla en nuestro ámbito de estudio o de trabajo y en nuestros estudiantes.

Esta tarea implica dedicación y generación de hábitos.

Autocuidado docente desde la atención plena

Cuidarnos es cuidar a los que nos rodean: familia, amigos y, por supuesto, nuestros estudiantes.

Una manera efectiva es:

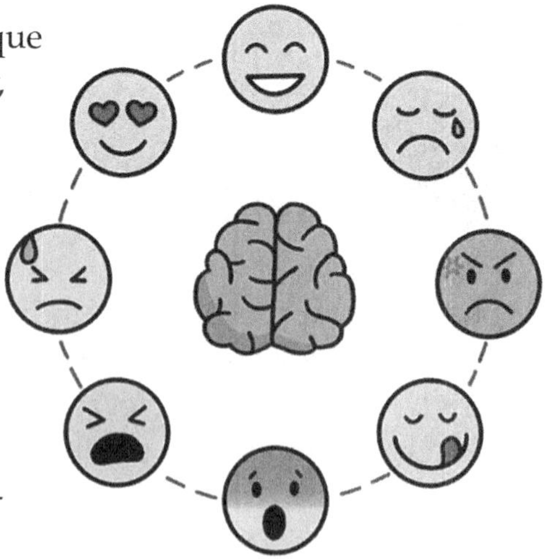

Prestar atención a la respiración

Significa simplemente prestar atención. Eso es todo.

No significa "empujarla", forzarla, profundizarla, ni modificar de ningún modo sus pautas y sus ritmos. No existe, por más que hayamos decidido prestarle atención, ninguna necesidad de controlarla.

Todo el esfuerzo que hacemos durante la atención plena a la respiración consiste simplemente en ser conscientes de la sensación de cada inhalación y de la sensación de cada exhalación o, si preferimos, de la sensación de la respiración en el momento en que cambia el sentido del flujo.

Dejar las preocupaciones de lado

Cuando percibimos una amenaza, nuestro cuerpo se prepara para la aparición de un peligro: *los músculos se tensan, la emoción se acerca a la rabia y la ansiedad, la respiración cambia, nuestros pensamientos se desatan valorando las diversas formas que ese peligro puede adoptar y sus consecuencias.*

Sin embargo, hay una sugerencia para que esto se detenga.

Prestamos atención a alguna sensación. Lo hacemos como un testigo imparcial, tomando distancia emocional con respecto a lo que sentimos. Es decir, no valoramos si las sensaciones nos parecen agradables o desagradables. Son las que son, nada más.

Ejercicio del día

Atiendo, sin forzar, la sensación de mi respiración

Allí donde estés y en el estado en el que estés, observá la sensación de inhalar y exhalar. Sin valorarla, sin querer cambiarla, solo observando lo que hay. Si aparece algún pensamiento, alguna imagen, observalos por un corto tiempo y dejalos pasar sin engancharte en ellos.

Realizá este ejercicio cinco veces diarias.

Ser amable con uno mismo es sentir agradecimiento por el instante que vivimos.

Como dijimos anteriormente, ser amable de verdad, de manera sincera, no es nada fácil y menos aún ser amable con uno mismo. Es decir, aceptar todo lo que veo en mí con afecto. Y la gratitud es más difícil aún.

Sentir real gratitud requiere mirar y ver con amabilidad, sentir que está bien lo que hay y que lo valoro como grato o valioso. Es difícil sentir gratitud cuando nuestra actitud es la de culpar a los demás de cualquier molestia propia.

Ejercicio del día

Atiendo sin forzar a la *sensación* de mi respiración por unos instantes y me propongo, *sin palabras*, ser hoy amable conmigo y sentirme agradecido.

Hago cinco momentos *stop* y doy gracias por tener esta oportunidad de ser amable conmigo y con otros.

Observo lo que siento mientras lo hago.

Descansá en vos, no de vos

A veces nos sentimos agotados y pensamos que necesitamos un descanso, unas vacaciones, un retiro a un lugar sereno donde relajarnos. Queremos apartarnos de lo que creemos que nos pone tensos, y para eso buscamos lugares, actividades o personas diferentes de las habituales.

La fuente de ese cansancio muchas veces es uno mismo, los propios pre-juicios, exigencias, temores, creencias. Lo que tenga que pasar, pasará.

Sin darte cuenta, querés descansar... de vos.

Aquí, a lo largo de los días, vas a descansar en vos. Tomate en serio la práctica y entrená este hábito saludable.

Ejercicio del día

Atiendo sin forzar a la *sensación* en un momento *stop*

Allí donde estés, hacé un paréntesis dentro tuyo, respirá de manera consciente unos instantes, llevá la atención hacia vos y observá tu estado de ánimo, tu postura, tu respiración, la tensión muscular, especialmente en tu cara, cuello y hombros. Soltá las tensiones, recuperá un estado saludable y agradecé por ese momento. Sonreite y volvé a tus tareas.

Realizá este ejercicio cinco veces diarias.

No ponerte nervioso al esperar

Cada vez que te encuentres en una situación de espera, cuando estés en la fila en un supermercado, esperando un turno en lo del odontólogo, a alguien que llega tarde, o aguardando a que desaparezca el icono 'por favor, espere' en la pantalla de tu computadora, planteate este momento como una oportunidad para practicar mindfulness.

Permanecé consciente de la respiración, comenzando con unas pocas respiraciones profundas para ayudar a disipar la tensión corporal por tener que esperar, o la posibilidad de que alguien a quien estás esperando llegue tarde.

Buscá el lugar en tu cuerpo donde seas más consciente de la respiración –fosas nasales, pecho o vientre– y situá tu atención en las sensaciones de esa área, notando cómo cambian continuamente.

Cumplidos del corazón

Una vez al día, pensá en alguien cercano –un familiar, un amigo, un compañero de trabajo o de estudio– y hacele un cumplido desde el corazón. Cuanto más cercana sea la persona, mejor, como un hijo o un padre. Cuanto más específico sea el cumplido, mejor: "Valoro la manera en que me sonreís cuando me saludás".

Comenzá a prestar atención a cualquier cumplido que te hagan otras personas. Permitite focalizarte en el propósito de los cumplidos y el efecto que causa en vos recibirlos.

Las palabras amables son un regalo. Crean riqueza y paz en el corazón.

La pausa amorosa

Date unos momentos para agradecer hechos, situaciones, palabras, gestos lindos que recibiste durante el día.

Pausa:
Cosas lindas para agradecer cada día

- Hoy recibí...
- Hoy encontré a...
- Hoy aprendí que...
- Hoy hace un año...
- Hoy conocí a...
- Hoy... me dio un abrazo.
- Hoy recibí una sonrisa de...

Meditación para favorecer nuestro bienestar

A continuación, vamos a realizar una meditación creada a partir de recientes estudios científicos en el campo del mindfulness, la psicología y la neurología.

Dedicate a sentir y a experimentar, ya que esta meditación será altamente efectiva para soltar y entrar en armonía con una parte de vos hasta hoy aparentemente oculta.

Durante los próximos minutos, disponete simplemente a soltar y a dedicar un rato a favorecer tu bienestar.

Buscá una posición cómoda, ya sea de tumbado o sentado. Lo importante es que te coloques en una posición que te permita soltarte a nivel físico.

Ahora vas a relajar las tensiones que hayas acumulado a nivel emocional, físico o mental. No es momento para ocuparse de nada o preocuparse por nada.

Es tu momento para soltarlo todo y vamos a realizar unas cuantas respiraciones, soltando el aire totalmente al exhalar. Lo importante es que soltemos todo el aire que podamos. En cada exhalación, soltamos todas las tensiones que vayamos notando en el cuerpo.

Soltamos, soltamos. Dejamos todo y nos dejamos ir con la exhalación. Si observás alguna resistencia, la aceptás con total amabilidad, tanto a nivel físico como a nivel mental en forma de pensamientos. Si vienen o aparecen, las observamos y volvemos a inhalar para luego soltar al exhalar.

Pausa.

Ahora prestá atención a tu respiración. Tal como se da, de manera normal y habitual.

Cuanto más te concentrás en tu respiración, más calma y equilibrio sos capaz de sentir.

Continuá respirando con naturalidad. Observá las sensaciones de tu cuerpo. Si sentís en algún lugar tensión o rigidez, permití que la zona se afloje, poco a poco, al enviar tu gratitud y amor a esa parte de tu cuerpo.

Continuá observando tu respiración sin cambiar nada. Solo sentí el aire que entra por tu nariz. Seguí el recorrido que hace al llegar a tus pulmones y luego notá cómo sale, poco a poco, dejándote una sensación de serenidad.

Si aparece algún pensamiento, solo reconocé su presencia sin entrar en diálogo con él, y permití que se disipe poco a poco.

Pensá que lo más importante en estos momentos sos vos. Todo lo demás puede esperar.

Tratá de sentir el latido de tu corazón. Sentí la fuente de la vida que habita dentro tuyo.

Ahora voy a pedirte que recuerdes algo que ha sucedido hoy que te haya hecho sonreír o que te haya generado gratitud. Puede ser algo sencillo, como ver el sol al despertar, haber tomado el desayuno en calma o haber escuchado una de tus canciones favoritas.

Recreá esa sensación. Sonreí y disfrutá de esa misma emoción por unos momentos.

Permití que esa sensación de bienestar se quede con vos durante el resto del día. Cuando así lo decidas, podés comenzar a mover tus manos y tus pies y a tomar conciencia del lugar donde te encontrás. Abrí los ojos lentamente.

Capítulo 10

Soñar con propósito

Acompañar metas con atención plena

Soñar con propósito implica desarrollar la necesidad de enfocar nuestros sueños en metas concretas y alcanzables, guiadas por la atención plena para tener una conexión más profunda con ellas, para que sean más conscientes. Con el fin de pasar del sueño a la realidad, es importante que definamos nuestras aspiraciones de forma clara, trazando un plan de acción con pasos pequeños, concisos y concretos, y utilizando la atención plena para centrarnos en el presente y superar obstáculos, logrando así un propósito más fuerte y genuino.

Pasos para hacerlo

1. Definamos nuestro propósito con claridad.

Existe una diferencia entre lo que se entiende por deseo y por meta: un deseo es un sueño; una meta es un deseo con un plan para lograrlo. Con el fin de que nuestros sueños sean un propósito, deben convertirse en metas concretas.

Visualicemos la meta: visualicemos el resultado final para clarificar el camino. Preguntémonos cómo se verá, qué sentiremos, qué diremos y qué obtendremos.

2. Acompañemos nuestras metas con atención plena.

Conectémonos con el presente: la atención plena nos ayuda a estar en el momento, concentrarnos en la tarea y disfrutar del proceso, en lugar de solo ocuparnos y preocuparnos por el resultado.

Enfoquémonos en la acción: no se trata solo de soñar, sino también de actuar, llevar el sueño a la acción. La atención plena nos permite ser más efectivos y eficiente al concentrarnos en cada paso que damos para alcanzar nuestras metas.

3. Creemos y sigamos el plan de acción.

Tracemos un camino: dividamos nuestra gran meta en "mini metas", o sea, metas más pequeñas. Anotemos los recursos que serán necesarios (dinero, información, etc.) para llevar a cabo cada una de ellas.

Anticipemos los obstáculos: visualicemos el resultado deseado, identifiquemos los obstáculos que podrían surgir y planeemos cómo superarlos antes de que sucedan.

Corrijamos el camino: es normal que tengamos que desviarnos. El propósito está puesto en la constancia. Si nos desviamos, reajustaremos los pasos en el camino hacia los objetivos trazados.

4. Cultivemos una actitud adecuada.

Cambiemos la narrativa: si no hemos tenido éxito en el pasado, no significa que no podamos corregir el resultado o bien, comenzar ahora. Cambiemos nuestras expectativas, enfoquémonos en lo que sí tenemos y pensemos en lo que podemos aprender de nuestras equivocaciones.

Seamos constantes: el proceso de alcanzar nuestras metas requiere disciplina y persistencia. Escribamos nuestras metas para hacerlas más concretas, tangibles; y afirmalas diariamente.

Cómo sostener un clima de contención desde tu liderazgo consciente

A esta altura, ya te habrás dado cuenta de la importancia que el mindfulness tiene para el desarrollo de un entorno emocional saludable.

Puedo decirte que al realizar las prácticas y al familiarizarte con su implementación vas a ir encontrando el tiempo o "*timing*" de cada integrante de tu grupo clase y de las necesidades que surgen en cada uno de ellos.

Aquí hay algunas sugerencias que considero interesantes para el desarrollo de un clima que contenga a tus estudiantes:

- Enseñales a valorar la quietud y el silencio tanto como el diálogo y la conexión. Podés aplicar ejercicios para lograr una profunda conexión entre ellos y utilizar preguntas bien pensadas para fomentar el diálogo.
- Trabajá sobre el volverse más presente-ser consciente del acto de pensar y aprender. Esto se evidenciará en cada una de tus prácticas: en cómo te involucrás, cómo te mostrás interesado por todos y cada uno de ellos y de sus vivencias.
- Mostrales qué es permanecer en un estado mindful en el habla, mente y cuerpo. Trabajar el estado de *presencia* en diferentes momentos de tus clases prestando atención

a las sensaciones corporales, emociones, sentimientos y pensamientos.

- Presentales un modo de estar abiertos a aprender, así como vos también mostrarte en un estado de enseñar consciente.
- Favorecé el desarrollo de la amabilidad como una actitud necesaria para suspender el juicio y aceptar la realidad de ese momento tal y como es, no como a vos te gustaría que fuera sino cómo es en realidad.

El mindfulness ayuda a desarrollar la curiosidad de tus estudiantes, a que amplíen sus sentidos y aprendan a explorar el entorno que habitan interconectándose con él. Asimismo, devendrán seres más conscientes respecto de ellos mismos y más empáticos con los demás.

Que vos facilites estas actitudes y acciones te define como un *líder consciente*: capaz de autogestionarte emocionalmente y con una profunda conexión con vos mismo y con tus estudiantes, priorizando el bienestar y la responsabilidad grupal.

Tus fortalezas como líder

La autoconciencia, la empatía y la integridad. Siempre alineando tus acciones con un conjunto de valores más profundos con el fin de generar un entorno de confianza, colaboración y desarrollo de todos y cada uno.

Tus características principales

- *Autoconciencia*: te conocés a vos mismo, tus fortalezas, tus debilidades y el impacto de tus acciones en los demás.
- *Empatía*: te ponés en el lugar de los demás, comprendiendo sus necesidades y motivaciones para construir un ambiente de confianza y seguridad.
- *Integridad*: actuás con transparencia y consideración, especialmente en situaciones difíciles, guiándote por principios éticos.

Cuatro cualidades del líder consciente que tenés que conocer

1. Concentración

Se refiere a la capacidad del líder de enfocarse en lo realmente importante en cada momento, el poder estar presente y atento a lo que está ocurriendo. Si está manteniendo una conversación con alguien, el líder consciente está plenamente atento a esa conversación, centrado en su interlocutor (lo que dice, lo que refleja, cómo lo dice, etc.). Esta concentración le permite conectar mucho mejor con los demás y mantenerse atento en las situaciones, no disperso con varios temas sino tratando un solo tema a la vez.

Te propongo:

Durante las próximas conversaciones que mantengas, observá si tu mente está centrada en la persona con la que hablás o estás más centrado en tus pensamientos, o en lo que vas a decir o hacer después, o en lo que te pasó a vos en una situación parecida en el pasado. Intentá observarte y reconducir tu atención a tu interlocutor cuando te des cuenta de que estás distrayéndote.

Este ejercicio busca entrenar la habilidad para ver lo que ocurre sin influirnos por lo que queremos ver o lo que esperamos.

2. Mente clara

Esta capacidad nos permite ser lo más neutrales posibles al interpretar la realidad de una situación, tanto problemas como oportunidades, lo que nos lleva a cuestionarnos el modelo y a dar una respuesta más adecuada.

Te propongo:

En las próximas situaciones, intentá recabar información de la forma más objetiva y neutral posible, actuá como un observador externo, como si estuvieras viendo una película, y tomate un tiempo antes de actuar, de responder o, simplemente, pensá en qué sucedería si no actuases (a veces "no hacer nada" puede ser la respuesta más acertada).

3. Generación de ideas

Para poder proponer soluciones o alternativas creativas, necesitamos dejar espacio a la mente, liberarla de su exceso de trabajo analítico (hemisferio izquierdo) y dejarle tiempo y sitio libre para imaginar, inventar o idear (hemisferio derecho). Los líderes efectivos saben facilitar ese espacio creativo para poder crear nuevas opciones que salgan de lo establecido y de lo que nuestro cerebro ya conoce.

Te propongo:

En los próximos días, establecé un tiempo de al menos cinco minutos en el que "no hagas nada". Puedes meditar o simplemente permanecer en silencio, intentando concentrar tu atención en tu respiración o en las sensaciones del cuerpo, por ejemplo.

4. Compasión

Es la capacidad no solo de comprender los sentimientos de las demás personas, sino también de asimilar que todos formamos parte de la misma humanidad, lo que nos lleva a sentirnos en conexión con otras personas, con nosotros mismos y, por extensión, con la humanidad. Gracias a la compasión, el líder puede transformar el entorno más desafiante. Cuando tratamos con un líder compasivo y amable es bastante probable que aun los mensajes más difíciles sean bien recibidos, ya que ha generado previamente, con esa conexión, un clima de confianza y seguridad.

Te propongo:

En los próximos días, practicá el liderazgo consciente y reconocé tus emociones y el momento en el que actuás reaccionando de forma impulsiva, dejándote llevar por ellas. Entrená tu mente para observar, tomar conciencia, y creá un espacio entre el estímulo y reacción, o bien, entre la situación y tu respuesta.

El que te familiarices e implementes estas cualidades hará que *mejore el clima áulico y del equipo docente*, donde se evidencie un aumento de la confianza, la colaboración y la cohesión del grupo clase o equipo; se note *un crecimiento personal* respecto del potenciamiento de virtudes y fortalezas de estudiantes y colegas; *haya un mayor compromiso* y favorezca *la mejora del rendimiento y de los vínculos* entre tus estudiantes y entre tus colegas.

¿Cuándo se ven cambios en la clase de un líder consciente?

El cambio se da cuando todos están en sintonía con una intención que los convoca.

Tu presencia, tu mirada no reactiva, tu respuesta amorosa y compasiva, tu paciencia y conciencia de humanidad compartida pueden transformarlo todo.

Modelo de planilla de registro consciente de momentos, estados emocionales y actividades

Te propongo un ejemplo de planilla que tiene como finalidad registrar diferentes pasos, actividades, estados emocionales, momentos de tu o tus clases para que hagas más consciente tu trabajo áulico.

CATEGORÍA	LUN	MAR	MIE	JUE	VIE
Momentos de la clase					
Estados emocionales de mis estudiantes					
Chequeo de los momentos la clase: cuándo					
Actividades conscientes planteadas					
Propósito de las actividades					
Recreos cerebrales, pausas activas, conscientes, seleccionadas					
Conciencia emocional					
Actividad metacognitiva					
Cierre					

Palabras finales

Cuando pienses en la implementación de mindfulness en tu aula o en cualquier ámbito educativo, tené en cuenta que es importante que las actividades se adapten a cada situación y realidad educativa; que sean de fácil y ágil realización y que respondan a un atractivo e interesante carácter innovador.

En la actualidad, existen diversos ámbitos desde los que se puede sostener el uso de mindfulness:

- Educación emocional.
- Educación para la paz.
- Educación para la convivencia.
- Educación para la salud.

Solo vos, con tu intuición, tu profesionalismo y tu conocimiento de los grupos con los que trabajás saben cómo llevarlo a cabo.

Las semillas que cultives hoy darán forma al jardín del futuro. Cada acto de bondad es una gota de agua. Cada desafío superado es un rayo de sol. Y cada lección aprendida es un suelo fértil para que los sueños de tus estudiantes echen raíces. *Vos sos el protagonista y me gustó mucho que hayas llegado hasta la lectura de esta página.*

El bienestar es posible con un docente como vos.

BIBLIOGRAFÍA

- Aiken, Mary. (2017). *The Cyber Effect*. John Murray Publishers.
- Albrecht, N., Albrecht, P. y Cohen, M. (2012). *Mindfully Teaching in the Classroom: A Literature Review*. Australian Journal of Teacher Education, 37(12), 1-14.
- Álvarez, M. y Bisquerra, R. (2011). *Manual de orientación y tutoría*. Barcelona: Wolters Kluwer.
- Anand, U. y Sharma, M. P. (2014). *Effectiveness of a Mindfulness-based Stress Reduction Program on Stress and Well-being in Adolescents in a School Setting*. Indian Journal of Positive Psychology.
- Arguís, R., Bolsas, A. P., Hernández, S. y Salvador, M. (2010). *Programa "Aulas felices". Psicología positiva aplicada a la educación*. Zaragoza: SATI.
- Bisquerra, Rafael (coord.) (2006). *Educación emocional y bienestar*. Madrid: Wolters Kluwer.
- Bovazzi, Fabiana (2017). *Mindfulness. El camino hacia la plenitud consciente*. Argentina: Editorial Bonum.
- Bovazzi, Fabiana (2019). *Mindfulness en el aula*. Buenos Aires: Editorial Bonum.
- Bovazzi, Fabiana (2022). *Aulas emocionalmente saludables*. Buenos Aires: Editorial Bonum.

- Bovazzi, Fabiana (2024). *Pausas conscientes para aulas más calmas*. Buenos Aires: Editorial Bonum.
- Csikszentmihalyi, *Mihaly (1990). Fluir (Flow). Una psicología de la felicidad*. Barcelona: Kairós (2008).
- De Pagès Bergés, Eugènia y Reñé Teulé, Alba (2008) *Cómo ser docente y no morir en el intento. Técnicas de concentración y relajación en el aula*. Barcelona: Graó.
- Dzubak, C. (2008) Multitasking: *The Good, the Bad, and the Unknown*, [Versión electrónica], Synergy, 1(2). Recuperado el 07 de enero de 2012, del sitio Web del http://www.myatp.org/Synergy_1/Syn_6.pdf
- Emmons, R. A. (2007). *¡Gracias! De cómo la gratitud puede hacerte feliz*. Barcelona: Ediciones B.
- Gross, J. J. (1998). *"The emerging field of emotion regulation: An integrative review"*. Review of General Psychology, 2(3), pp.271-299.
- Kabat-Zinn, J. (1994). *Mindfulness Meditation for Everyday Life*. Nueva York: Hyperion.
- Lederach, John Paul (2000). *El abecé de la paz y los conflictos*. Madrid: La Catarata.
- Lyubomirsky, Sonja (2008). *La ciencia de la felicidad*. Barcelona: Urano.
- Nhat Hanh, Thich (1990). *Momento presente, momento maravilloso. Versos para no olvidarse de vivir*. Novelda (Alicante) Ediciones Dharma (2003).
- Nhat Hanh, Thich (1991). *Hacia la paz interior*. Barcelona: Plaza&Janés (2002).
- Peterson, C. y Park, N. (2009). *El estudio científico de las fortalezas humanas*. En C. Vázquez y G. Hervás (eds.) *La ciencia del bienestar*. Madrid: Alianza, 181-207.

- Ricard, Matthieu (2005). *En defensa de la felicidad*. Barcelona: Urano.
- Siegel Daniel (2022). *El cerebro de un niño*. Buenos Aires: Vergara.

Made in United States
North Haven, CT
10 November 2026

22091529R00088